Risvegliati, Israele!

"Il sole sarà cambiato in tenebre,
e la luna in sangue,
prima che venga il grande e terribile giorno del SIGNORE.
Chiunque invocherà il nome del SIGNORE sarà salvato;
poiché sul monte Sion e a Gerusalemme vi sarà salvezza,
come ha detto il SIGNORE,
così pure fra i superstiti che il SIGNORE chiamerà"

(Gioele 2:31-32)

Risvegliati, Israele!

Dott. Jaerock Lee

Risvegliati, Israele! – Dott. Jaerock Lee
Pubblicato da Urim Books (Rappresentato da Seongnam Vin)
361-66, Shindaebang-Dong, Dongjak-Gu, Seoul, Corea
www.urimbooks.com

Tutti i diritti riservati. Questo libro – o parti di esso – non può essere riprodotto in alcuna forma, memorizzata in un sistema di recupero o trasmessa in qualsiasi forma o con qualsiasi mezzo, elettronico, meccanico, fotocopiatura, registrazione o altro, senza previa autorizzazione scritta dell'editore.

Salvo diversa indicazione, tutte le citazioni sono tratte dalla Bibbia Sacra Scrittura, Copyright ©, La Nuova Riveduta sui testi originali (1994, edizione del 2006), a cura della Società Biblica di Ginevra. Usate con permesso.

Copyright © 2020 Dott. Jaerock Lee
ISBN: 979-11-263-0606-0 03230
Copyright Traduzione © 2013 Dott. Esther K. Chung usato con permesso.

Precedentemente pubblicato in coreano da Urim Books nel 2007

Data prima pubblicazione settembre 2020

A cura del Dott. Geumsun Vin
Progettato dal Bureau Editoriale di Urim Books
Stampato presso Printing Company – Yewon
Per maggiori informazioni contattare: urimbook@hotmail.com

Premessa

All'alba del ventesimo secolo, una notevole serie di eventi ha avuto luogo nell'arida terra di Palestina, un territorio in cui nessuno a quel tempo voleva vivere. Gli ebrei, che erano stati dispersi attraverso tutta l'Europa orientale, la Russia, e il resto del mondo iniziarono a tornare in quella terra ricca in cardi, ma anche carica di povertà, fame, malattie e tormento.

Nonostante l'alto tasso di mortalità causato dalla malaria e della fame, gli ebrei non hanno perso la loro grande fede e l'ambizione che li aveva condotti fin lì, anzi, hanno iniziato a costruire i kibbutz (dei luoghi di lavoro, come fattorie o fabbriche, dove gli operai vivono insieme e condividono tutti i doveri e il reddito che producono). Proprio come Theodor Herzl, il fondatore del moderno sionismo, sosteneva: "Se accadrà, non è un sogno", la restaurazione di Israele è diventata una realtà.

In tutta onestà, la restaurazione di Israele era considerata un sogno impossibile da raggiungere e nessuno era disposto a credere che sarebbe veramente accaduto. Ciononostante, gli ebrei realizzarono questo sogno e, con la nascita dello Stato di Israele, hanno miracolosamente riacquistato una propria sovranità nazionale, per la prima volta in circa 1.900 anni.

Gli Israeliani, nonostante la persecuzione e il tormento sofferti per secoli, pur essendo stati dispersi in terre non loro, hanno sempre mantenuto fede, cultura e il linguaggio. Dopo la fondazione del moderno Stato di Israele, hanno iniziato a coltivare terre aride, attuando anche lo sviluppo di una gran varietà di industrie che ha consentito loro di comparire tra i paesi più sviluppati. I giudei sono un popolo straordinario che ha resistito e prosperato costantemente tra le sfide e le minacce poste alla propria sopravvivenza, oltre che a loro come nazione.

Dopo la fondazione della Manmin Central Church. nel 1982, Dio mi ha rivelato, per ispirazione dello Spirito Santo, molte cose a proposito di Israele, soprattutto per quale motivo l'indipendenza di Israele rappresenti un chiaro segno degli ultimi giorni oltre che l'adempimento della profezia biblica. Voi nazioni, ascoltate la parola del SIGNORE, e proclamatela alle isole lontane; dite:

"Colui che ha disperso Israele lo raccoglie, lo

custodisce come fa il pastore con il suo gregge" (Geremia 31:10).

Dio ha scelto il popolo di Israele al fine di rivelare la sua provvidenza, la stessa provvidenza con cui ha creato e coltivato l'uomo. Prima di tutto, Dio fece di Abramo il "padre della fede", stabilì Giacobbe, nipote di Abramo, come il fondatore di Israele. Dopodiché, Egli ha proclamato la sua volontà e la provvidenza della coltivazione del genere umano ai discendenti di Giacobbe.

Quando Israele credeva nella parola di Dio e camminava secondo la sua volontà in obbedienza, godeva di grande gloria e di largo onore sopra tutte le nazioni. Quando ha iniziato ad allontanarsi da Dio disobbedendogli, però, Israele è diventata l'oggetto di una lunga serie di tormenti a causa delle invasioni straniere e infine subì la diaspora, che costrinse gli israeliti a vivere come dei vagabondi in ogni angolo della terra.

Anche se, ogni volta che Israele si è trovata in difficoltà a causa dei propri peccati, Dio non l'ha mai abbandonata o dimenticata. Israele ha sempre mantenuto un legame con Dio in virtù del patto che l'Eterno aveva fatto con Abramo. E' per questo motivo che Egli non ha mai smesso di prendersi cura di loro.

Grazie all'attenzione e alla guida straordinaria che Dio ha riservato ai Giudei, questi hanno potuto rimanere un popolo coeso attraverso il tempo, hanno raggiunto l'indipendenza diventando nuovamente una nazione sopra tutte le nazioni. Ma com'è stato possibile per Israele preservarsi e perché Israele è stato restaurato?

Molte persone dicono: "La sopravvivenza della nazione ebraica è un miracolo", considerando anche l'entità delle persecuzioni e delle oppressioni – indescrivibili e inimmaginabili – che il popolo ebraico ha subito durante la diaspora. La storia di Israele da sola testimonia la veridicità della Bibbia.

Ciononostante, un maggior grado di sofferenza e angoscia aspetta gli ebrei dopo il secondo avvento di Gesù Cristo. Naturalmente, le persone che hanno accettato Gesù come loro Salvatore saranno rapite nell'aria e parteciperanno al banchetto di nozze con il Signore. Coloro che non hanno accettato Gesù come loro Salvatore, tuttavia, non saranno rapite nell'aria al momento del suo ritorno e subiranno la Grande Tribolazione per sette anni.

> *"Poiché, ecco, il giorno viene, ardente come una fornace; allora tutti i superbi e tutti i malfattori saranno come stoppia. Il giorno che viene li incendierà"*, dice il SIGNORE degli eserciti, *e non lascerà loro né radice né ramo* (Malachia 4:1).

Dio mi ha rivelato in dettaglio le calamità che si svilupperanno durante i sette anni di Grande Tribolazione. Per questo motivo, è mio ardente desiderio che il popolo di Israele, il popolo eletto di Dio, accetti senza ulteriori indugi Gesù come Salvatore, Colui che camminava sulla terra circa duemila anni fa. Solo così potranno salvarsi e non rimanere sulla terra a subire la Grande Tribolazione.

Per grazia di Dio, ho dedicato interamente questo volume a dare risposte a quesiti che perdurano da millenni, alle questioni secolari che sono costantemente sollevate riguardo agli ebrei e il Messia.

Che ogni lettore di questo libro senta proprio il disperato messaggio d'amore di Dio e vada incontro, senza ulteriori indugi, al Messia che Dio ha mandato per tutta l'umanità!

Amo ognuno di voi con tutto il mio cuore.

Novembre 2007
Presso la casa di preghiera del Getsemani
Jaerock Lee

Prefazione

Rendo ogni gloria e ogni ringraziamento a Dio per averci donato la possibilità di pubblicare *"Risvegliati Israele!."* Quest'opera è stata pubblicata in conformità con la volontà di Dio che desidera risvegliare e salvare Israele, ma anche per il suo incommensurabile amore, Egli, infatti, non vuole che nemmeno un'anima si perda.

Capitolo 1 "Israele: l'eletto di Dio" questa sezione esplora le ragioni della creazione del genere umano, la sua coltivazione sulla terra e il perché della provvidenza divina, attraverso la quale Egli ha selezionato e governato Israele in qualità di popolo eletto attraverso tutta la storia dell'umanità. Il capitolo introduce, inoltre, i grandi antenati di Israele, tra i quali c'è anche il nostro Signore, nato in questo mondo secondo la profezia per cui l'arrivo del Salvatore di tutti i popoli sarebbe avvenuto attraverso la casa di Davide.

Capitolo 2 "Il Messia inviato da Dio" percorrendo le profezie bibliche sul Messia, esamineremo come Gesù soltanto possa essere il Messia, come l'arrivo del Messia sia ancora atteso con ansia da Israele e come, secondo la legge sulla redenzione della terra, solo Gesù incarna tutte le qualifiche di Salvatore dell'umanità. Inoltre, in questo capitolo scoprirete come tutte le profezie del Vecchio Testamento sul Messia siano state soddisfatte da Gesù e qual è il rapporto tra la storia di Israele e la morte di Gesù.

Terzo capitolo "L'Iddio in cui Israele crede" questa sezione offre uno sguardo ravvicinato a quei giudei che ancora oggi rispettano rigorosamente la legge e le tradizioni, rendendo comprensibile in cosa Dio si compiace. Non solo, cercherò di ricordare al popolo di Israele che sono stati loro a prendere le distanze dalla volontà di Dio a causa della tradizione degli anziani che essi stessi hanno prodotto. Il Capitolo esorta, infine, gli israeliti a comprendere in primo luogo la reale volontà di Dio nell'aver dato loro la legge, e poi, ad adempiere la legge dell'amore.

Capitolo 4 "Guarda e Ascolta!" qui esploreremo il nostro tempo, quello in cui viviamo, le profezie bibliche riguardo "gli ultimi tempi", l'aspetto imminente dell'Anticristo e i sette anni di Grande Tribolazione. Per concludere, a testimonianza dei due segreti di Dio, preparati nel suo infinito amore per i suoi eletti in modo che il popolo d'Israele possa raggiungere la salvezza durante il tempo finale della coltivazione del genere umano, l'ultimo capitolo supplica il popolo di Israele a non abbandonare l'ultima possibilità di salvezza.

Quando il primo uomo, Adamo, peccò di disobbedienza e fu cacciato dal giardino dell'Eden, Dio lo mandò sulla terra per vivere e lo pose in quello che noi oggi chiamiamo Israele. Da allora in poi, attraverso tutta la storia della coltivazione del genere umano, Dio ha atteso per millenni e ancora oggi resta in attesa, nella speranza di ottenere dei veri figli.

Non c'è più tempo per ritardi o rifiuti.

Prego nel suo nome santo che ciascuno di voi possa rendersi conto che i giorni in cui viviamo sono davvero gli ultimi e che ognuno di voi si prepari a ricevere il nostro Signore, che tornerà come Re dei re e Signore dei signori.

Novembre 2007
Geum-sun Vin
Direttore Editoriale

Indice

Premessa
Prefazione

Capitolo 1
Israele: l'eletto di Dio

L'inizio della coltivazione del genere umano _ 3
Grandi Antenati _ 19
Persone che testimoniano di Gesù Cristo _ 39

Capitolo 2
Il Messia inviato da Dio

Dio promette il Messia _ 59
Qualifiche del Messia _ 66
Gesù compie le profezie _ 82
Morte di Gesù e Profezie su Israele _ 91

Capitolo 3
L'Iddio in cui Israele crede

La legge e la tradizione _ 101
Il vero proposito per cui Dio ha istituito la legge _ 112

Capitolo 4
Guarda e Ascolta!

Verso la fine del mondo _ 133
Le dieci dita _ 151
L'Amore indefettibile di Dio _ 163

"La Stella di Davide", il simbolo della comunità ebraica, sulla bandiera di Israele.

Capitolo 1

Israele: l'eletto di Dio

L'inizio della coltivazione del genere umano

Mosè, il grande leader, colui che liberò il popolo dalla schiavitù d'Egitto, colui che condusse Israele nella Terra Promessa di Canaan, colui che servì in qualità di delegato dell'Eterno, inizia con queste parole il Libro della Genesi:

"In principio Dio creò il cielo e la terra" (1:1).

Dio creò il cielo e la terra in sei giorni. Dopodiché, benedisse e santificò il settimo giorno e si riposò. Perché, Dio il Creatore ha creato l'intero universo? Perché ha creato l'uomo? Perché ha concesso che un numero infinito di esseri umani, da Adamo in poi, vivesse sulla terra?

Dio cercava degli "esseri" con cui condividere amore, eternamente

Prima della creazione dei cieli e della terra, nell'universo sconfinato, Dio onnipotente esisteva come la luce circondata dal suono. Dopo un lungo periodo di solitudine, Dio desiderò condividere il suo amore con qualcuno.

Nella natura divina che lo definisce come Creatore Egli ingloba anche la nostra natura umana, quell'essenza che consente di sentire gioia, rabbia, dolore o piacere. Ecco perché Egli desiderò donare e ricevere amore. Nella Bibbia ci sono molti passaggi che fanno riferimento a quella che noi possiamo definire la "natura umana" di Dio. Spesso la Bibbia descrive Dio contento e felice, come ad esempio quando si rallegra nelle opere giuste dei figli d'Israele (Deuteronomio 10:15; Proverbi 16:7), ma anche addolorato e adirato con Israele, come quando li trova peccatori (Esodo 32:10; Numeri 11:1; 32:13).

Ci sono momenti in cui ogni individuo desidera stare da solo, certo, ma la maggior parte del tempo ognuno di noi preferisce avere un amico con cui condividere il proprio cuore. Anche Dio, il quale possiede questi tratti relativi alla natura umana, ha desiderato avere intorno qualcuno a cui poter donare il suo amore, con cui condividere il proprio cuore e viceversa.
"Non sarebbe commovente avere dei figli che comprendano il mio cuore e verso i quali poter dare amore e da cui ricevere amore, in questo vasto e profondo regno?"
Ad un certo momento l'Eterno scelse e mise a punto un piano per allevarsi dei veri figli, degli eredi che somigliassero a Lui. A questo scopo, Dio creò il mondo fisico, in aggiunta a quello spirituale, un mondo dove l'umanità potesse stabilirsi e vivere.

Alcuni potrebbero replicare che in fondo, in cielo c'era

l'esercito celeste, c'erano angeli in numero infinito, tutte creature più che obbedienti. Perché Dio avrebbe dovuto prendersi la briga di creare l'uomo? Fatta eccezione per pochi angeli, però, la maggior parte degli esseri celesti non possiede la "natura umana", vale ad dire, non gode della più significativa di tutte le caratteristiche degli uomini, di quel tratto della propria natura con cui si ha la possibilità di scegliere per conto proprio, assolutamente necessario per dare e ricevere amore: il libero arbitrio. Gli esseri celesti sono molto simili a degli automi, obbediscono a comando, non sono in grado di provare gioia, rabbia, dolore, o piacere, non possono proprio dare e ricevere amore.

Supponiamo che ci siano due bambini e che uno, senza mai esprimere né emozioni né opinioni, sia obbediente e faccia per bene tutto quello che gli viene chiesto. L'altro, al contrario, spesso delude i genitori, sceglie di agire così perché è libero di farlo, usa il suo libero arbitrio, ma è anche pronto a pentirsi delle sue malefatte, è profondamente legato ai suoi genitori, li ama ed esprime loro il suo cuore in una varietà di modi.

Di questi due, chi preferireste? È altamente probabile che preferiate il secondo. Anche se poteste scegliere fra un robot che fa tutto per voi senza mai lamentarsi, non uno di voi preferirebbe un automa al posto dei propri figli. Allo stesso modo, Dio ha preferito l'uomo – un essere che avrebbe scelto autonomamente se sottomettersi a Lui, con la propria volontà e le proprie emozioni – rispetto agli angeli o all'esercito celeste.

La Provvidenza di Dio nel guadagnarsi dei veri figli

Dopo la creazione del primo uomo, Adamo, Dio creò il giardino dell'Eden e gli permise di governarlo. Nel Giardino tutto era abbondante e Adamo dominava su ogni cosa, attraverso il libero arbitrio e l'autorità che Dio gli aveva dato. C'era, tuttavia, una cosa che Dio aveva proibito ad Adamo.

> *"Dio il SIGNORE ordinò all'uomo: «Mangia pure da ogni albero del giardino, ma dell'albero della conoscenza del bene e del male non ne mangiare; perché nel giorno che tu ne mangerai, certamente morirai"* (Genesi 2:16-17).

Questo era il sistema che Dio aveva stabilito tra Lui, il Creatore, e l'umanità, il creato. Egli voleva che Adamo gli obbedisse volontariamente, usando il proprio giudizio e scegliendo di farlo dal profondo del suo cuore. Passò molto e Adamo, purtroppo, non tenne a mente la parola di Dio e peccò, disobbedì, mangiò del frutto dell'albero della conoscenza del bene e del male.

In Genesi 3 è narrato di quando il serpente, istigato da Satana, chiese ad Eva "Come! Dio vi ha detto di non mangiare da nessun albero del giardino? (V. 1). Eva rispose: "Del frutto dell'albero che è in mezzo al giardino Dio ha detto: Non ne mangiate e non lo toccate, altrimenti morirete" (v. 2).

Rendendosi conto che il comando di Dio non era poi così consolidato nel cuore di Eva, il serpente diventò più aggressivo nella sua manovra di tentazione e disse alla donna: "Ma no! Voi non morirete affatto!"

Poi aggiunse: "E' perché Dio sa che il giorno che ne mangerete, i vostri occhi si apriranno e sarete come Dio, avendo la conoscenza del bene e del male" (v. 5).

Quando Satana insinuò l'avidità nella mente della donna, lei iniziò a guardare all'albero della conoscenza del bene e del male con occhi diversi. Improvvisamente sembrava irresistibile e buonissimo da mangiare, una delizia per gli occhi, però era tanto desiderabile soprattutto perché l'avrebbe resa molto più saggia. Infine, Eva mangiò il frutto dell'albero e ne diede anche al marito, che pure lo mangiò.

E' così che Adamo ed Eva disobbedirono alla parola di Dio e peccarono, e per questo, finirono per conoscere la morte (Genesi 2:17).

Quando parlo di "morte" qui, non mi riferisco alla morte carnale, all'arresto del respiro del corpo umano, ma alla morte spirituale. Dopo aver mangiato dall'albero della conoscenza del bene e del male, infatti, Adamo concepì dei figli, visse fino all'età di 930 anni e poi morì (Genesi 5:2-5). Anche da questo comprendiamo che "la morte" di cui parla Genesi 2 non è quella fisica.

L'uomo è stato originariamente creato come un mix di spirito, anima e corpo. Possedeva uno spirito attraverso il quale poter comunicare con Dio, l'anima, che era sotto il controllo dello spirito, e il corpo, che serviva come scudo per lo spirito e per l'anima. A causa del peccato dovuto alla disobbedienza del comando di Dio, lo spirito è morto e la comunicazione con Dio fu interrotta. Questa è la "morte" di cui Dio parlava in Genesi 2:17.

Dopo aver peccato, Adamo ed Eva furono cacciati dal rigoglioso giardino dell'Eden in cui vivevano. Questo diede inizio al tormento di tutta l'umanità. Il dolore del parto iniziò ad essere insopportabile per la donna, che ora era sottomessa al marito e da lui dipendeva, mentre l'uomo, fu costretto a mangiare del frutto di una terra maledetta, faticando, tutti i giorni della sua esistenza (Genesi 3:16-17).

A proposito di questo, Genesi 3:23 ci dice: *"Perciò il Signore Dio lo mandò fuori dal giardino di Eden, a coltivare* la terra da cui era stato tratto."* (*ndt. la versione inglese da cui è preso questo verso, è la New American Standard Bible, da cui letteralmente si traduce "coltivare la terra." La Nuova Riveduta, come altre versioni traducono "lavorare la terra.") Qui "coltivare, o lavorare la terra" non è solo da intendere letteralmente, (e cioè che Adamo avrebbe mangiato del frutto del suolo durante il suo soggiorno terreno), ma anche come monito a "coltivare il proprio cuore", essendo egli stato formato dalla polvere della terra.

La coltivazione del genere umano inizia con il peccato di Adamo

Adamo, creato come essere vivente, non possedeva una malvagità intrinseca in sé, ecco perché prima di aver peccato non era tenuto a coltivare il proprio cuore. Dopo la caduta, però, il cuore di Adamo si sporcò, iniziò ad essere falso, e per questo aveva bisogno di essere coltivato, per farsì che tornasse puro come prima del peccato.

Adamo, quindi, avrebbe dovuto coltivare anche il proprio cuore, che adesso era corrotto a causa della menzogna e del peccato, solo così poteva tornare pulito e presentarsi a Dio come figlio legittimo. Quando la Bibbia dice: "Dio mandò via l'uomo dal giardino di Eden, a lavorare la terra da cui era stato tratto" è a questo concetto a cui fa riferimento. Da qui il termine "coltivazione del genere umano."

Convenzionalmente, per "coltivazione" ci si riferisce a una procedura attraverso la quale un agricoltore semina delle sementi, si prende cura delle sue piante e infine raccoglie i suoi frutti. Al fine di "coltivare l'umanità sulla terra e di ottenere un buon frutto", vale a dire, dei veri figli, Dio ha seminato i primi semi, Adamo ed Eva. Attraverso Adamo ed Eva, che disobbedirono a Dio, sono nati numerosissimi figli e, attraverso la coltivazione dell'umanità da parte di Dio, coltivando il proprio cuore e recuperando l'immagine perduta di Dio, un numero infinito di esseri umani è rinato in qualità di figlio di Dio.

Quindi, con il termine "coltivazione degli esseri umani" si fa riferimento a tutto questo processo in cui Dio è in piena autorità e governa la storia umana, dalla creazione al giudizio universale, al fine di ottenere dei figli veri.

Proprio come un contadino dopo aver seminato affronta con successo inondazioni, siccità, gelate, grandine e parassiti, e, infine, raccoglie i suoi frutti, così Dio è rimasto in controllo di tutto il corso della storia, in modo da guadagnarsi dei veri figli che giungono a Lui dopo aver sopportato la morte, la malattia, la separazione, e altri tipi di sofferenze durante la loro vita terrena.

La ragione per cui Dio ha posto l'albero della conoscenza del bene e del male nel giardino dell'Eden

Alcune persone si chiedono: "Perché Dio ha situato a portata di Adamo l'albero della conoscenza del bene e del male, non è forse attraverso questo che l'uomo è arrivato al peccato e alla distruzione?" La ragione per cui Dio ha posto l'albero della conoscenza del bene e del male in modo che l'uomo potesse prenderlo, però, è a motivo della sua meravigliosa provvidenza. La provvidenza con cui Egli avrebbe portato gli uomini a prendere coscienza del concetto di "relatività."

La maggior parte delle persone suppone che Adamo ed Eva erano tremendamente felici di vivere nel giardino dell'Eden. Pensano questo perché nel giardino non c'erano lacrime, dolore, malattia o tormento. Ma nel giardino, Adamo ed Eva non conoscevano la vera felicità, tantomeno il vero amore, perché non avevano idea di cosa fosse la relatività.

Per comprendere meglio il concetto di relatività pensate a due bambini cresciuti in ambienti diversi. Uno in una famiglia benestante, l'altro in una con difficoltà economiche. Se gli viene regalato un giocattolo, ad esempio, pensate che le reazioni dei bambini saranno uguali? Il ragazzo della famiglia meno abbiente sarà con molta probabilità molto più grato e profondamente felice di ricevere un regalo del bambino ricco.

Per comprendere il vero valore di qualcosa, è necessario conoscerne e sperimentarne l'assenza. Solo se hai sofferto di una malattia sarai in grado di apprezzare il vero valore della buona salute. Soltanto rendendovi conto della morte e dell'inferno, potrete apprezzare il valore della vita eterna e sarete profondamente grati all'Iddio d'amore di avervi elargito il paradiso.

Nel verdeggiante giardino dell'Eden, il primo uomo, Adamo, godeva di tutto quello che Dio gli aveva elargito, finanche dell'autorità di pronunciarsi su ogni altra creatura. Tuttavia, poiché tutto ciò non era frutto della sua fatica e del suo sudore, Adamo non disponeva dei mezzi per comprendere e apprezzare pienamente ciò che Dio gli aveva provveduto. Solo dopo essere stato cacciato sulla terra, solo dopo le lacrime, il dolore, le malattie, il tormento, la disgrazia e la morte, Adamo comprese la differenza tra gioia e dolore, considerò il valore immenso della libertà e della prosperità di cui godeva nel giardino dell'Eden.

Che senso avrebbe la vita eterna per noi se non conoscessimo la morte? Anche se abbiamo difficoltà per un po, se comprendiamo qual è la vera gioia, la nostra vita sarà tanto più utile e benedetta.

Cosa pensate di quei genitori che non mandano i figli a scuola, semplicemente perché sanno che studiare è difficile? Se i genitori amano veramente i loro figli, li manderanno a scuola e li incoraggeranno a studiare con diligenza, anche e soprattutto materie difficili, in modo che possano costruirsi un futuro migliore.

Il cuore di Dio, che ha creato l'umanità e si è coltivato dei figli, è esattamente come il cuore dei genitori di cui parlavamo un attimo fa. Questo è il motivo per cui l'Eterno ha posto l'albero della conoscenza del bene e del male nel giardino e non ha impedito ad Adamo di mangiarne il frutto. Nella sua libera volontà, Dio ha permesso che Adamo sperimentasse gioia, rabbia, dolore, e piacere nel corso della sua coltivazione. L'uomo può amare e adorare Dio, che è amore e verità, dal profondo del suo cuore, soltanto dopo aver sperimentato la relatività e cercato di conoscere il vero amore, la vera gioia e la vera gratitudine.

Attraverso il processo di coltivazione dell'uomo, Dio ha voluto guadagnarsi dei figli che conoscessero il suo cuore, per vivere con loro in cielo, condividendo amore per sempre.

La coltivazione dell'umanità ha inizio in Israele

Quando Adamo, il primo uomo, fu cacciato dal giardino dell'Eden dopo aver disobbedito alla parola di Dio, non gli fu dato il diritto di scegliere la località dove avrebbe vissuto. Dio scelse per lui uno spazio. Quest'area fu la terra dove oggi c'è Israele.

In questo atto sono incorporate sia la volontà che la provvidenza di Dio. Dopo aver modellato un grande piano di coltivazione del genere umano, Dio scelse la terra di Israele e il popolo che ne sarebbe sorto come modello di coltivazione dell'umanità. Per questo motivo Dio ha specificatamente consentito ad Adamo di vivere una nuova vita in questa determinata area.

Con il passare del tempo, i discendenti di Adamo fecero grandi nazioni tra cui anche Israele, al tempo di Giacobbe, un discendente di Abramo. Dio ha voluto rivelare la sua gloria e la sua provvidenza verso l'umanità attraverso la storia di Israele. Quindi, non era solo per i figli d'Israele, ma per le persone di tutto il mondo. Pertanto, la storia di Israele, di cui Dio si è fatto completamente carico, non è semplicemente una storia di un popolo ma un messaggio divino per tutti gli uomini.

Ma perché Dio ha scelto proprio Israele come modello di coltivazione del genere umano? A motivo del loro carattere superiore, in altre parole, dell'eccellenza della loro natura interna.

Israele discende direttamente da Abramo, il padre della fede, un uomo in cui Dio si compiaceva, ma è anche discendente diretto di Giacobbe, un uomo tenace, che lottò con Dio e prevalse. Per questo motivo, pur essendo senza patria e aver vissuto come vagabondi per secoli, il popolo di Israele non ha perso la propria identità.

Soprattutto, il popolo di Israele ha conservato per migliaia di anni la parola di Dio, ed ha vissuto secondo la Parola. Certo, ci sono stati momenti in cui l'intera nazione ha preso le distanze dalla parola di Dio e ha peccato contro di Lui, ma alla fine, il popolo si è pentito ed è tornato a Dio. Non hanno mai perso la fede nel loro Signore Dio.

Il restauro di uno stato indipendente di Israele nel XX secolo mostra chiaramente che questo popolo è il vero discendente di Giacobbe e che Dio ha profondamente a cuore il suo destino.

Ezechiele 38:8 ci dice: *"Dopo molti giorni tu riceverai l'ordine; negli ultimi anni verrai contro il paese sottratto alla spada, contro la nazione raccolta in mezzo a molti popoli, sui monti d'Israele, che sono stati per tanto tempo deserti; ma, fatta uscire dai popoli, essa abiterà tutta quanta al sicuro."* Quando il profeta scrive "gli ultimi anni" fa riferimento al periodo della fine, quando la coltivazione dell'umanità sta per arrivare al termine. "I monti di Israele" è un modo per descrivere la città di Gerusalemme, che è situata a 760 metri sopra il livello del mare.

Pertanto, quando il profeta Ezechiele dice "...raccolta in mezzo a molti popoli sui monti d'Israele", sta chiaramente parlando degli israeliani che sarebbero giunti da ogni parte del mondo per ripristinare lo stato di Israele. In accordo con questa parola, Israele, che era stata distrutta dai Romani nel 70 DC, fu dichiarata una nazione sovrana e indipendente il 14 maggio 1948. Questo territorio che non era stato altro che "uno spreco continuo", oggi è una nazione forte che nessun altro paese può facilmente sottovalutare o sfidare.

Lo scopo di Dio nel selezionare gli Israeliti

Ma perché Dio ha iniziato la coltivazione del genere umano proprio nella terra di Israele? Perché ha selezionato questo popolo e ne ha diretto la storia?

In primo luogo, attraverso la storia di Israele, Dio ha voluto annunciare a tutte le nazioni che è il Creatore dei cieli e della terra, è il solo e vero Dio, e che è vivo. Attraverso lo studio della storia di Israele anche dei pagani possono facilmente sentire la sua presenza e comprendere la provvidenza divina nel governo della storia umana.

> *"Tutti i popoli della terra vedranno che tu porti il nome del SIGNORE, e ti temeranno"* (Deuteronomio 28:10).

> *"Te beato, Israele! Chi è pari a te, popolo salvato dal SIGNORE? Egli è lo scudo che ti protegge, e la spada che ti fa trionfare. I tuoi nemici verranno ad adularti, e*

tu calpesterai le loro alture" (Deuteronomio 33:29).

Il popolo eletto, Israele, ha goduto di un grande privilegio, facilmente riscontrabile non appena se ne studia la storia.

Ad esempio, quando Rahab riceve in casa sua i due uomini inviati da Giosuè a spiare la terra di Canaan, disse loro: *"Poiché noi abbiamo udito come il SIGNORE asciugò le acque del mar Rosso davanti a voi, quando usciste dall'Egitto, e quel che faceste ai due re degli Amorei, di là dal Giordano, Sicon e Og, che votaste allo sterminio. Appena l'abbiamo udito, il nostro cuore è venuto meno e non è più rimasto coraggio in alcuno, per causa vostra; poiché il SIGNORE, il vostro Dio, è Dio lassù nei cieli e quaggiù sulla terra"* (Giosuè 2:9-11).

Durante la prigionia degli Israeliti in Babilonia, Daniele camminò con Dio e Nabucodonosor, il re di Babilonia, ebbe modo di conoscere questo Dio, il che lo portò a dichiarare: *"Ora io, Nabucodonosor, lodo, esalto e glorifico il Re del cielo, perché tutte le sue opere sono vere e le sue vie giuste, ed egli ha il potere di umiliare quelli che procedono con superbia"* (Daniele 4:37).

La stessa cosa accadde durante la cattività di Israele sotto il regno di Persia. Dopo aver visto l'Iddio vivente all'opera nel rispondere alla preghiera della regina Ester: *"...molte persone appartenenti ai popoli del paese si fecero Giudei, perché il timore dei Giudei si era impadronito di loro"* (Ester 8:17).

Nel constatare che Iddio vivente operava per conto degli Israeliti, anche i gentili temettero e adorarono Dio. Anche noi, oggi, conosciamo la maestà di Dio e lo adoriamo di fronte a tali eventi.

In secondo luogo, Dio ha selezionato e guidato questo popolo perché attraverso la storia d'Israele tutti comprendessero la ragione per cui Egli ha creato l'uomo.

Dio coltiva l'umanità perché desidera ottenere dei veri figli. Un vero figlio di Dio è colui che gli somiglia in bontà e amore, in giustizia e santità. A motivo dell'amore che tali figli hanno per il loro Dio, lo amano e vivono secondo la sua volontà.

Quando Israele viveva secondo i comandamenti di Dio, servendolo, Egli ha posto gli Israeliti sopra tutti i popoli e tutte le nazioni. Al contrario, quando il popolo di Israele serviva gli idoli e abbandonava i comandamenti di Dio, era soggetto a ogni genere di tormento, guerra, calamità naturali o cattività.

Attraverso ogni passo del processo, gli Israeliti hanno imparato ad umiliarsi davanti a Dio, ed ogni volta che si sono prostrati di fronte a Lui, Egli li ha risanati con inesauribile misericordia e amore, portandoli nelle braccia della sua grazia.

Quando il re Salomone amava Dio e osservava i suoi comandamenti, godeva di gloria e splendore, iniziando ad allontanarsi da Lui e a servire gli idoli, la fama e lo splendore che lo avevano contraddistinto andarono scemando. Nel momento in cui i vari re d'Israele, come Davide, Giosafat o Ezechia camminavano nella legge di Dio, il paese era potente e prospero. Se al contrario il paese attraversava periodi di debolezza ed era soggetto a invasioni straniere, era a motivo del fatto che il re aveva abbandonato le vie del Signore.

In questo modo la storia di Israele rivela chiaramente la volontà di Dio e serve da specchio, riflettendo il suo proposito anche verso tutti i popoli e tutte le nazioni. La sua volontà è, che, quando persone formate a sua immagine e somiglianza osservano i suoi comandamenti e si santificano secondo la Parola, ricevono benedizione e favore divino.

Israele è stato scelto tra tutte le nazioni e i popoli per rivelare la provvidenza di Dio. In questo ha ricevuto una benedizione tremenda, essendo una nazione di sacerdoti incaricati della parola di Dio. Anche quando la gente di Israele peccava, Dio li perdonava e li ristabiliva, purché si pentissero con un cuore umile, proprio come aveva promesso ai loro grandi predecessori.

Soprattutto, la più grande benedizione promessa da Dio è stata quella di rendere gli ebrei gli eletti, nel senso che il Messia sarebbe nato da loro.

Grandi Antenati

Durante l'intera storia dell'umanità Dio ha protetto Israele in modo che non scomparisse. Fece ciò attraverso degli uomini, dei padri di Israele, che tennero alto il nome della nazione. Questi uomini di Dio sono stati il "giusto frutto" della coltivazione del genere umano, secondo la provvidenza divina, perché hanno rispettato la parola di Dio ed erano pieni di amore per Lui. Dio ha posto le fondamenta della nazione di Israele attraverso i suoi grandi antenati.

Abramo, il padre della fede

Abramo è stato nominato il padre della fede, per via della sua fede e della sua obbedienza. Nato circa quattromila anni fa, in Ur dei Caldei, fu chiamato direttamente da Dio che gli affidò il compito di fondare una grande nazione. Conquistò l'amore e il riconoscimento divino, fino al punto di essere chiamato dall'Eterno stesso, l'amico di Dio.

Quando Dio chiamò Abramo gli fece la seguente promessa:

"Va' via dal tuo paese, dai tuoi parenti e dalla casa di tuo padre, e va' nel paese che io ti mostrerò; io

farò di te una grande nazione, ti benedirò e renderò grande il tuo nome e tu sarai fonte di benedizione. Benedirò quelli che ti benediranno e maledirò chi ti maledirà, e in te saranno benedette tutte le famiglie della terra" (Genesi 12:1-2).

Quando fu chiamato da Dio, Abramo non era più un giovane, non aveva un erede e non aveva idea di dove stesse andando, quindi, obbedire non fu poi così facile. Anche se non sapeva dove fosse diretto, Abramo partì, perché si fidava solo ed esclusivamente della parola di Dio, avendo compreso che Egli mantiene sempre tutte le sue promesse. Così, Abramo camminò per fede, in tutto ciò che faceva. Di contro, durante l'intero corso della sua vita ricevette tutte le benedizioni che Dio gli aveva promesso.

Abramo non solo dimostrò di possedere obbedienza perfetta e fede attiva, ma perseguì sempre la bontà e la pace con tutti quelli che lo circondavano.

Ad esempio, quando lasciò Canaan, secondo ciò che gli aveva comandato Dio, suo nipote Lot andò con lui. Con l'aumentare delle loro proprietà, divenne anche impossibile per Abramo e Lot condividere la stessa area di territorio. L'insufficienza di pascoli e di acqua portò a quella che Genesi 13:7 descrive come la "...lite fra i pastori del bestiame d'Abramo e i pastori del bestiame di Lot." Anche se era molto più anziano del nipote, Abramo non insistette per far valere i suoi privilegi ma concesse a Lot di scegliersi il territorio e gli disse: *"Tutto il paese non sta forse davanti a te? Ti prego, sepàrati da me! Se tu vai a sinistra, io andrò a destra; se tu vai a destra, io andrò a sinistra"* (Genesi 13:9).

Giacché Abramo era un uomo dal cuore puro, egli giurò che non avrebbe preso neppure un filo, né un laccio di sandalo, di tutto ciò che apparteneva a Lot (Genesi 14:23). Quando Dio gli disse che le città di Sodoma e Gomorra erano ricolme di peccato e sarebbero state distrutte, Abramo, un uomo dal profondo amore spirituale, perorò la sua causa con Dio finché non ricevette la parola che Egli non avrebbe distrutto Sodoma se in città ci fossero stati dieci uomini giusti.

La bontà e la fede di Abramo sono stati perfetti al punto da obbedire ad un comando tremendo di Dio. A un certo punto, infatti, l'Eterno gli chiese la vita del suo unico figlio come offerta sacrificale.

In Genesi 22:2 Dio comandò ad Abramo: *"Prendi ora tuo figlio, il tuo unico, colui che ami, Isacco, e va' nel paese di Moria, e offrilo là in olocausto sopra uno dei monti che ti dirò."*

Isacco era nato quando Abramo aveva cento anni. Prima che Isacco nascesse, Dio aveva già promesso ad Abramo che il frutto del suo corpo sarebbe stato il suo erede e che il numero dei suoi discendenti sarebbe stato pari al numero di stelle. Se Abramo avesse seguito i suoi pensieri carnali egli non sarebbe stato in grado di obbedire a ciò che Dio gli aveva chiesto. Non avrebbe di certo offerto Isacco. Eppure, Abramo obbedì immediatamente, senza chiedersi il perché.

Nel momento stesso in cui Abramo stese la mano per uccidere Isacco dopo aver costruito l'altare, l'angelo di Dio lo chiamò e gli disse: *"Abraamo, Abraamo! Egli rispose: Eccomi. E l'angelo: Non stendere la mano contro il ragazzo e non fargli male! Ora so che tu temi Dio, poiché non mi hai rifiutato tuo figlio, l'unico tuo"* (Genesi 22:11-12). Che scena toccante!

Non avendo mai fatto valere il suo pensiero carnale, nel cuore di Abramo non erano presenti né ansie né conflitti, ecco perché poteva obbedire a Dio per fede. Il patriarca aveva posto la sua completa fiducia nel Dio fedele, Colui che mantiene ciò che ha promesso. Credeva senza indugio nell'Onnipotente Dio che risuscita i morti, nell'Iddio d'amore che desidera dare ai suoi figli solo cose buone. Dal momento che il cuore di Abramo era obbediente e pieno di fede, Dio lo affermò come il padre della fede.

> *"Io giuro per me stesso, dice il SIGNORE, che, siccome tu hai fatto questo e non mi hai rifiutato tuo figlio, l'unico tuo, io ti colmerò di benedizioni e moltiplicherò la tua discendenza come le stelle del cielo e come la sabbia che è sul lido del mare; e la tua discendenza s'impadronirà delle città dei suoi nemici. Tutte le nazioni della terra saranno benedette nella tua discendenza, perché tu hai ubbidito alla mia voce"* (Genesi 22:16-18).

Abramo cresceva nella fede e nella bontà che compiacciono a Dio, e per questo Lui lo chiamò suo "amico" e lo indicò come il padre della fede. Infatti, Abrahamo è diventato il padre di tutte le nazioni e la fonte di tutte le benedizioni così come Dio gli aveva promesso quando aveva gli disse: *"Benedirò quelli che ti benediranno e maledirò chi ti maledirà, e in te saranno benedette tutte le famiglie della terra"* (Genesi 12:3).

La Provvidenza di Dio attraverso Giacobbe, il Padre di Israele, e di Giuseppe il Sognatore

Abramo, il padre della fede, ebbe come figlio Isacco e da lui nacquero due figli: Esaù e Giacobbe. Dio scelse Giacobbe, il cui cuore era superiore a quello del fratello, quando era ancora nel grembo di sua madre. Giacobbe sarebbe stato poi chiamato "Israele" e divenne il punto d'inizio della nazione d'Israele, il padre delle dodici tribù.

Giacobbe desiderava ardentemente la benedizione di Dio e comprendere meglio le questioni spirituali, tanto che si appropriò della primogenitura di suo fratello Esaù in cambio di uno stufato di lenticchie, ingannando così anche suo padre Isacco. Giacobbe era un imbroglione, questo è certo, ciononostante, Dio sapeva che una volta trasformato sarebbe stato un grande strumento. Per tale ragione, Dio lasciò che Giacobbe vivesse venti anni di prove, in modo da sgretolare completamente la sua natura, in modo che divenisse un uomo umile.

Giacobbe strappò via la primogenitura di suo fratello maggiore con un sistema molto astuto e per questo Esaù cercò di ucciderlo. A tale motivo Giacobbe dovette fuggire lontano e trovò rifugio presso la casa di suo zio Labano. Labano era un proprietario di greggi e Giacobbe iniziò a lavorare presso di lui come pastore di capre e di pecore. Ecco perché in Genesi 31:40 dichiara: *"Di giorno, mi consumava il caldo; di notte, il gelo; il sonno fuggiva dagli occhi miei."*

Dio ripaga di ogni individuo in base a quello che semina. Egli vide Giacobbe lavorare fedelmente presso suo zio e per questo lo benedisse con grandi ricchezze. Poi, quando arrivò il momento, Dio ordinò a Giacobbe di ritornare nella sua patria e lui lasciò Labano e partì verso la casa di suo padre con famiglia e possedimenti a seguito. Dopo aver raggiunto il fiume, Giacobbe seppe che suo fratello Esaù si trovava sulla sponda opposta e lo aspettava con 400 uomini.

Giacobbe non poteva tornare da Labano a causa della promessa fatta allo zio ma non poteva neanche attraversare il fiume e andare avanti verso Esaù che lo aspettava per vendicarsi. In questa situazione così difficile, Giacobbe non prese decisioni basandosi sulla sua saggezza, ma cercò aiuto in Dio e nella preghiera. Giacobbe si liberò completamente dalla cornice dei suoi pensieri, fece petizione a Dio con una fervente preghiera, fino al punto di dislocarsi la coscia.

Giacobbe lottò con Dio e ha prevalse, così Dio lo benedisse dicendogli: *"Il tuo nome non sarà più Giacobbe, ma Israele, perché tu hai lottato con Dio e con gli uomini e hai vinto"* (Genesi 32:28). Dopo di questo, Giacobbe si riconciliò con suo fratello Esaù.

La ragione per cui Dio scelse Giacobbe era da ritrovarsi nelle sue qualità principali: persistenza e rettitudine. Queste caratteristiche erano determinanti per l'uomo che avrebbe dovuto svolgere un ruolo significativo nella storia di Israele.

Giacobbe aveva dodici figli e attraverso di loro gettò le fondamenta per formare la nazione di Israele. Tuttavia, poiché erano ancora un popolo semplice, Dio aveva previsto di collocarli al confine con l'Egitto, che era un paese potente, fino a quando i discendenti di Giacobbe sarebbero diventati una grande nazione.

Questo è l'amore di Dio che aveva già pianificato di proteggerli da altre nazioni, e, la persona a cui fu affidato questo compito monumentale fu Giuseppe, l'undicesimo figlio di Giacobbe.

Giacobbe fu notevolmente parziale nei confronti di Giuseppe, tanto che gli regalò una prestigiosa tunica multicolore, rendendolo, di fatto, il bersaglio odiato dei suoi fratelli maggiori. All'età di diciassette anni fu venduto da loro come schiavo in Egitto. Ciononostante, Giuseppe non si lamentò né mai disprezzò per questo i suoi fratelli.

Giuseppe fu venduto alla casa di Potifar, l'ufficiale del faraone, il capitano delle guardie del faraone. Presso di lui Giuseppe lavorò diligentemente e fedelmente e per questo motivo vinse la fiducia di Potifar, tanto che il capitano lo nominò sorvegliante della sua casa.

Giuseppe, che, era bello di forma e di aspetto, attirò le attenzioni della moglie di Potifar che tentò più volte di sedurlo. Giuseppe, che era un uomo retto e temeva Dio, le disse coraggiosamente: *"Come dunque potrei fare questo gran male e peccare contro Dio?"* (Genesi 39:9)

Alla fine, accusato ingiustamente dalla moglie del suo padrone che era stata ripetutamente rifiutata, Giuseppe fu portato in prigione, nella cella in cui erano confinati i prigionieri della casa reale. Anche in carcere, Dio era con lui, e con il favore di Dio dalla sua, Giuseppe fu presto incaricato di "qualsiasi cosa andava fatta" in carcere.

Grazie a questo percorso, Giuseppe ottenne la saggezza con la quale avrebbe, in seguito, governato una grande nazione, coltivato gli assetti politici, e abbracciato molte persone nel suo cuore.

Dopo l'interpretazione dei sogni del Faraone, e, anche offrendo delle soluzioni sagge ai problemi che il regnante avrebbe dovuto incontrare, Giuseppe divenne il sovrano d'Egitto, secondo solo al Faraone. Così, tramite la sua infinita provvidenza e attraverso le prove che Egli permise per Giuseppe, all'età di 30, Dio lo stabilì come viceré in una delle nazioni più potenti in quel momento.

Proprio come Giuseppe aveva predetto interpretando i sogni del Faraone, sette anni di carestia colpirono l'Oriente, compresa la terra dei Faraoni. Grazie a Giuseppe, però, l'Egitto si era preparato per tempo a questo evento e nulla mancò agli egiziani. Anche i fratelli di Giuseppe giunsero in Egitto in cerca di cibo. Così si riunirono con il fratello ed anche il resto della famiglia si trasferì in Egitto. Godettero tutti di una grande prosperità, preparando così la strada per dare vita alla nazione di Israele.

Mosè: un grande leader che rese l'Esodo una realtà

Dopo essersi stabilito in Egitto, il popolo di Israele crebbe in grande numero e in prosperità, divenendo ben presto abbastanza numeroso da poter formare una propria nazione.

Quando un nuovo re, che non conosceva Giuseppe, salì al potere, cominciò a guardarsi dalla prosperità e dalla forza che i discendenti di Israele avevano acquisito. Il Faraone e i funzionari di corte ben presto iniziarono a rendere la vita degli Israeliti amara, obbligandoli a lavorare duramente, adoperandoli nei lavori d'argilla e di mattoni e in ogni sorta di lavori nei campi. Imponevano loro tutti questi lavori con asprezza (Esodo 1:13-14).

Tuttavia, quanto più opprimevano Israele, tanto più il popolo si moltiplicava e si estendeva (Esodo 1:12). Da lì a poco Faraone ordinò che al momento della nascita tutti i maschi nati da donne israeliane avrebbero dovuto essere uccisi. Dio, però, udì il grido di aiuto del popolo di Israele e si ricordò dell'alleanza che aveva stipulato con Abramo, Isacco e Giacobbe.

> *"A te e alla tua discendenza dopo di te darò il paese dove abiti come straniero: tutto il paese di Canaan, in possesso perenne; e sarò loro Dio"* (Genesi 17:8)

> *"...darò a te e alla tua discendenza dopo di te il paese che diedi ad Abraamo e ad Isacco"* (Genesi 35:12).

Al fine di condurre i figli di Israele fuori da questo tormento e portarli nella terra di Canaan, Dio preparò un uomo in grado di eseguire i suoi ordini senza condizioni ma anche di guidare il suo popolo con lo stesso cuore che aveva Lui per loro.

Questo individuo era Mosè. Mosè fu nascosto per tre mesi dopo la nascita, ma quando i suoi genitori non furono più in grado di nasconderlo, lo misero in una cesta di vimini e lo posero tra le canne che costeggiano il fiume Nilo. Fu la figlia del Faraone a scoprire il bambino nel cesto e lei deciso di tenerlo per sé. La sorella del bimbo, che si manteneva a distanza ma restava nei paraggi del fiume per scoprire cosa sarebbe accaduto al fratellino, suggerì alla figlia del Faraone di trovare una levatrice e raccomandò proprio la madre biologica di Mosè.

Mosè fu quindi allevato all'interno del palazzo reale proprio da sua madre biologica, crebbe naturalmente e con familiarità nei rispetti di Dio e degli Israeliti.

Crebbe e divenne adulto. Poi, un giorno, vide un ebreo essere ripetutamente picchiato da un egiziano, e, in preda all'angoscia di ciò che aveva visto, finì per uccidere l'egiziano. La voce di quanto accaduto si sparse rapidamente e Mosè fuggì dalla presenza del Faraone, fino a stabilirsi nella terra di Madian. Qui fece il pastore di pecore per quarant'anni, ma anche questo periodo era parte della Provvidenza di Dio. Serviva, infatti, da verifica e formazione di Mosè, per fare di lui il futuro leader dell'Esodo.

Nel momento in cui Dio lo ritenne oppurtono, inviò Mosè in

Egitto ordinando di condurre gli Israeliti verso Canaan, il paese dove scorrevano latte e miele.

Il cuore del Faraone era duro e non ascoltò il comando di Dio dato per mezzo di Mosè, di conseguenza, l'Eterno inflisse contro il suo paese le famose dieci piaghe e con forza, portò gli Israeliti fuori dalla terra d'Egitto.

Solo dopo aver sofferto la morte dei primogeniti, Faraone e il suo popolo si inginocchiarono davanti a Dio e lasciarono Israele libero di andare. Dio stesso guidò gli israeliti in ogni passo del loro cammino, divise il Mar Rosso in modo che potessero attraversarlo, fece sgorgare acqua da una roccia quando non avevano più da bere, e nel momento in cui non avevano di che cibarsi, mandò la manna e le quaglie. L'Eterno fece tutti questi miracoli e prodigi attraverso Mosè. Tutto per garantire la sopravvivenza di milioni di israeliti nel deserto per ben quarant'anni.

In seguito, l'Iddio fedele condusse il popolo d'Israele nella terra di Canaan per mezzo di Giosuè, il successore di Mosè, aiutando il condottiero e il suo popolo ad attraversare il fiume Giordano e a conquistare la città di Gerico. Ecco come Dio permise agli israeliti di conquistare e possedere gran parte del territorio di Canaan, il luogo dove scorrono latte e miele.

La conquista della terra di Canaan non rappresentò solo l'adempimento della benedizione di Dio per gli israeliti, ma anche il risultato del suo giusto giudizio contro gli abitanti di Canaan che si erano fatti corrompere dal peccato e dalle vie malvagie. La corruzione dei canaaniti fu tale da costringere Dio a giudicarli attraverso la conquista della loro terra da parte degli israeliti.

Come Dio disse ad Abramo: *"...alla quarta generazione torneranno qui"* (Genesi 15:16), i discendenti di Abramo, Giacobbe ed i suoi figli, lasciarono Canaan per andare in Egitto dove si stabilirono, ed in seguito, i loro discendenti ritornarono nella terra di Canaan.

Sotto il regno di Davide Israele diventa potente

Dopo la conquista della terra di Canaan, Dio regnò sopra Israele attraverso i giudici e dei profeti. In seguito al periodo dei giudici, Israele si stabilì come regno. Durante il trono del re Davide, che ha amato Dio sopra ogni altra cosa, furono quindi innalzate le fondamenta per una vera nazione.

In gioventù, Davide uccise un grande guerriero filisteo con fionda e pietra e, in cambio del suo servizio sul campo di battaglia, fu chiamato a dirigere gli uomini di guerra dell'esercito del re Saul. Quando Davide tornò a casa dopo aver sconfitto i Filistei, molte donne cantavano dicendo: "Saulo ne ha ucciso mille ma Davide diecimila." Gli israeliti cominciavano ad amare Davide e Saul, che era il re in carica, iniziò a progettare il suo omicidio mosso da profonda gelosia.

Davide ebbe due occasioni per uccidere il re ma si rifiutò di farlo, in quanto Saulo era stato comunque unto re da Dio stesso. Non solo, Davide cercò più volte il bene di Saul, In un'occasione, si prostrò con la faccia a terra e disse al re: *"Ecco, in questo giorno tu vedi con i tuoi occhi che oggi il SIGNORE ti aveva dato nelle mie mani in quella caverna; qualcuno mi disse di ucciderti, ma io ti ho risparmiato e ho detto: Non metterò le mani addosso al mio signore, perché egli è l'unto del SIGNORE"* (1 Samuele 24:11).

David, un uomo secondo il cuore di Dio, perseguì bontà in ogni cosa, anche dopo essere diventato re. Durante il suo regno, il vigore di Israele fu molto rafforzato. Dio camminava a fianco a lui e per questo Davide è sempre stato così vittorioso nelle sue guerre contro i Filistei, i Moabiti, gli Amalekiti, gli Ammoniti e gli Edomiti. Re Davide ha esteso territori di Israele e attraverso i bottini di guerra, il tesoro del regno andava aumentando, da che ne deduciamo che Israele godette di un periodo di notevole prosperità.

Davide spostò anche l'Arca dell'Alleanza a Gerusalemme, istituì le procedure per i sacrifici e rafforzò la fede del popolo nel Signore. Stabilì Gerusalemme come il centro politico e religioso del regno e, di fatto, fece tutti i preparativi per la costruzione del tempio santo di Dio durante il regno di suo figlio, Re Salomone.

Nel corso della sua intera storia, Israele vide il periodo più florido e autorevole proprio durante il regno di re Davide. Il re, inoltre, fu molto ammirato dal suo popolo e in ogni cosa diede gloria a Dio. Se tutto questo non bastasse a farlo sfilare tra i grandi patriarchi, c'è un altro elemento a rendere Davide uno dei padri migliori di Israele: il Messia sarebbe venuto dalla sua discendenza!

Elia riporta i cuori degli israeliti a Dio

Il figlio di re Davide, Salomone, negli ultimi giorni della sua vita si diede all'adorazione degli idoli e a motivo di ciò il suo regno fu diviso in due in seguito alla sua morte. Tra le dodici tribù di Israele, dieci diedero origine al Regno di Israele, a nord, mentre le altre tribù rimanenti formarono il Regno di Giuda a sud.

Nel Regno di Israele, a Nord, la volontà di Dio per il suo popolo era rivelata attraverso i profeti Amos e Osea, mentre i profeti Isaia e Geremia svolgevano il proprio ministero all'interno del Regno di Giuda, a Sud. Ogni volta che lo riteneva opportuno, Dio mandava i suoi profeti e compiva la sua volontà attraverso di loro, uno di questi era il profeta Elia. Elia svolse il suo ministero durante il regno del re Acab, nel regno settentrionale.

Durante il tempo di Elia, la regina Jezebel, una gentile, portò l'adorazione di Baal in Israele, ed in breve questo culto imperversò per tutto il regno. La prima missione che il profeta Elia doveva svolgere era proprio comunicare al Re Acab che non ci sarebbe stata la pioggia in Israele per tre anni e mezzo, come risultato del giudizio di Dio a seguito della loro idolatria.

Come conseguenza di ciò, il re e la regina lo cercavano per ucciderlo. Nell'apprendere questa notizia Elia fuggì a Sarepta, una provincia di Sidone. Qui una vedova gli fornì del pane, e, in cambio di ciò, Elia manifestò nella casa di questa vedova benedizioni meravigliose: la farina e l'olio che la donna aveva in casa non finirono, non fino a quando la carestia terminò. In seguito, inoltre, Elia resuscitò il figlio della vedova.

In cima del Monte Carmelo, Elia combatté contro 450 profeti di Baal e 400 profeti di Astarte, facendo scendere il fuoco di Dio dal cielo. Per trasformare i cuori idolatri degli Israeliti e ricondurli a Dio, Elia riparò l'altare di Dio, versò dell'acqua sulle offerte e sull'altare, e pregò ardentemente Dio come segue:

> *"All'ora in cui si offriva l'offerta, il profeta Elia si avvicinò e disse: SIGNORE, Dio d'Abraamo, d'Isacco e d'Israele, fa' che oggi si conosca che tu sei Dio in Israele, che io sono tuo servo, e che ho fatto tutte queste cose per ordine tuo. Rispondimi, SIGNORE, rispondimi, affinché questo popolo riconosca che tu, o SIGNORE, sei Dio, e che tu sei colui che converte il loro cuore! Allora cadde il fuoco del SIGNORE, e consumò l'olocausto, la legna, le pietre e la polvere, e prosciugò l'acqua che era nel fosso. Tutto il popolo, veduto ciò, si gettò con la faccia a terra, e disse: Il SIGNORE è Dio! Il SIGNORE è Dio!"* (1 Re 18:36-39)

Successivamente, fece cadere la pioggia dal cielo dopo tre anni e mezzo di siccità, attraversò il fiume Giordano come se camminasse sulla terra ferma e profetizzò su cose a venire. Manifestando tutta questa meravigliosa potenza di Dio, Elia testimoniò in modo chiaro ed lampante chi è l'Iddio vivente.

In 2 Re 2:11 si legge: *"...continuarono a camminare discorrendo insieme, quand'ecco un carro di fuoco e dei cavalli di fuoco che li separarono l'uno dall'altro, ed Elia salì al cielo in un turbine."* Poiché Elia a motivo della sua fede compiacque Dio, ha ricevuto il suo amore e il suo riconoscimento, ascendendo al cielo senza dover affrontare la morte.

Daniele rivela la gloria di Dio alle nazioni

Duecentocinquanta anni più tardi, intorno al 605 AC, nel terzo anno del regno di Ioiakìm, Gerusalemme cadde sotto l'invasione del re di Babilonia Nabucodonosor e molti componenti della famiglia reale del Regno di Giuda furono fatti prigionieri.

Nel quadro della politica di riconciliazione di Nabucodonosor, il re ordinò ad Aspenaz, capo dei suoi funzionari, di portargli dei figli di Israele, tra cui alcuni della famiglia reale e dei nobili, dei giovani senza difetto, di bell'aspetto, intelligenti e saggi, dotato di comprensione e conoscenza, con una qualche capacità di servire alla corte. Il re, inoltre, dispose che si insegnasse loro la letteratura e la lingua dei Caldei. Tra questi giovani c'era anche Daniele (Daniele 1:3-4).

Daniele decise che non si sarebbe contaminato con il cibo scelto del re o con il vino offerto a palazzo, e chiese per questo il permesso al comandante degli ufficiali di cibarsi secondo le sue tradizioni (Daniele 1:8).

Anche se era un prigioniero di guerra, Daniele viveva comunque sotto la benedizione divina, perché temeva l'Eterno in ogni cosa. Dio donò a Daniele e ai suoi amici, conoscenza e intelligenza, sia nella letteratura che in saggezza. Non solo, Daniele era anche in grado di comprendere e interpretare le visioni e i sogni (Daniele 1:17).

A motivo di ciò, il ragazzo si conquistò il favore dei vari re che si sono succeduti. Riconoscendo lo straordinario spirito di Daniele, il re Dario di Persia pensò di nominarlo come governatore dell'intero regno. Un gruppo di funzionari di corte divenne geloso di Daniele e cercò un motivo di accusa contro di lui, una ragione che avesse a che fare con gli affari di governo. Purtroppo per loro non riuscirono a trovare né un'accusa o né una prova di corruzione.

Vennero a sapere, però, che Daniele pregava il suo Dio tre volte al giorno. Così, i commissari e i satrapi andarono dal re, suggerendogli di promulgare uno statuto religioso: chiunque avrebbe fatto una petizione a qualsivoglia uomo o a un qualsiasi dio, invece che al re, per un intero mese, sarebbe stato mandato nella fossa dei leoni. Daniele non ebbe esitazioni, anche a rischio di perdere la propria reputazione, la posizione elevata, la sua stessa vita, continuò a pregare, di fronte a Gerusalemme, bene visibile a tutti, come aveva già fatto in precedenza.

A motivo di questo ordine reale, Daniele fu gettato nella fossa dei leoni, ma, Dio inviò il suo angelo a tenere chiuse le bocche dei leoni e Daniele ne uscì illeso. Venuto a conoscenza dell'accaduto, il re Dario scrisse a tutti i popoli, a tutte le nazioni e a tutti gli uomini di ogni lingua che vivevano in tutte le terre allora conosciute:

> "*Io decreto che in tutto il territorio del mio regno si tema e si rispetti il Dio di Daniele, perché è il Dio vivente che dura in eterno; il suo regno non sarà mai distrutto e il suo dominio durerà sino alla fine. Egli libera e salva, fa segni e prodigi in cielo e in terra. È lui che ha liberato Daniele dalle zampe dei leoni*" (Daniele 6:26-27).

Oltre ai padri della fede di cui abbiamo parlato finora, non ci sarebbero carta e inchiostro sufficienti per descrivere le gesta di fede anche dei tre amici di Daniele, di Gedeone, Barak, Sansone, Jefte, Samuele, Isaia, Geremia, Ezechiele, di Ester e di tutti i profeti di cui parla la Bibbia.

Grandi antenati per tutte le nazioni della terra

Fin dai primi giorni della nazione di Israele, Dio ha personalmente tracciato e guidato il suo percorso. Ogni volta che Israele si è trovata in crisi, Dio l'ha liberata per mezzo dei profeti da Lui preparati, dirigendo così direttamente il corso della storia di Israele.

Pertanto, a differenza di quella di qualsiasi altra nazione, la storia di Israele si è svolta secondo la provvidenza di Dio, a cominciare da Abramo, e, continuerà a svolgersi in conformità con il piano di Dio fino alla fine dei secoli.

L'Eterno, però, non ha stabilito i padri della fede solo per il popolo eletto, gli israeliti, ma anche per tutti gli altri popoli della terra che hanno fede in Lui.

> *"Abraamo deve diventare una nazione grande e potente e in lui saranno benedette tutte le nazioni della terra"* (Genesi 18:18).

Dio desidera che, per la fede, "tutte le nazioni della terra" diventino figli di Abramo e ricevano la benedizione di Abramo. Egli non ha riservato le benedizioni solo per gli Israeliti. Dio ha promesso ad Abramo, in Genesi 17:4-5, che sarebbe diventato padre di una moltitudine di popoli, e, in Genesi 12:3, che tutte le famiglie della terra sarebbero state benedette in lui. In Genesi 22:17-18, poi, l'Eterno promette che tutte le nazioni della terra sarebbe state benedetta nella discendenza di padre Abramo.

Inoltre, attraverso la storia di Israele, Dio ha aperto la strada attraverso la quale tutte le nazioni della terra avrebbero potuto conoscere che solo il Signore Dio è il vero Dio, avrebbero potuto servirlo, diventare suoi veri figli ed amarlo.

> *"Io sono stato ricercato da quelli che prima non chiedevano di me, sono stato trovato da quelli che prima non mi cercavano; ho detto: 'Eccomi, eccomi' a una nazione che non portava il mio nome"* (Isaia 65:1).

Dio ha scelto dei grandi padri ed ha personalmente guidato e governato la storia di Israele al fine di consentire sia ai suoi eletti, gli Israeliti, che ai gentili di invocare il suo nome. Dio aveva compiuto la storia della coltivazione del genere umano fino allora, ma il suo meraviglioso disegno, per la provvidenza della coltivazione divina includeva tutti, anche i pagani. Ecco perché quando il tempo che lui aveva scelto è arrivato Egli ha mandato suo Figlio sulla terra, in Israele, non solo come il Messia d'Israele, ma come il Messia di tutta l'umanità.

Persone che testimoniano di Gesù Cristo

In tutta la storia della coltivazione del genere umano, Israele è stato sempre al centro del compimento del piano della provvidenza divina. Dio si è rivelato ai padri della fede mostrando loro le cose che sarebbero successe, mantenendo sempre la sua Parola. Uno degli eventi che aveva predetto era che il Messia sarebbe venuto dalla tribù di Giuda e dalla casa di Davide, per salvare tutte le nazioni della terra.

Di conseguenza, Israele ha atteso il Messia profetizzato nell'Antico Testamento. Il Messia è Gesù Cristo. Naturalmente, le persone che praticano il giudaismo non riconoscono Gesù come il Figlio di Dio, come il Messia, ma aspettano ancora la sua venuta.

Tuttavia, il Messia che Israele attende e il Messia e di cui parla il resto di questo capitolo sono la stessa persona.

Che cosa dice la gente di Gesù Cristo? Se si esaminano le profezie sul Messia, il loro compimento e le qualifiche che il Messia avrebbe dovuto avere, la riposta possibile è soltanto una: il Messia che Israele desidera non è altro che Gesù Cristo.

Paolo, il persecutore di Gesù Cristo trasformato in apostolo

Paolo era nato a Tarso di Cilicia, nell'odierna Turchia, circa 2.000 anni fa, e il suo nome di nascita era Saulo. Saulo fu circonciso l'ottavo giorno, apparteneva alla nazione di Israele, proveniva dalla tribù di Beniamino, era un ebreo di ebrei. Non solo, aveva studiato sotto Gamaliele, il più prestigioso e rispettato maestro della legge che Israele avesse a quei tempi. Aveva vissuto rigorosamente secondo la legge dei suoi padri oltre a possedere pure la cittadinanza dell'impero romano, che era il paese più potente del mondo allora conosciuto. Per ciò che concerne la giustizia della legge, Saulo era irreprensibile. In una parola, Saulo non mancava di nulla in quanto a famiglia, lignaggio, conoscenza, ricchezza, posizione e autorità.

Perché amava Dio sopra ogni cosa, Saulo oppresse ferventemente i seguaci di Gesù Cristo. Per lui sentire i cristiani sostenere che Gesù crocifisso era il Figlio di Dio, il Salvatore, che era pure risorto il terzo giorno dopo la sepoltura, equivaleva a lasciarli bestemmiare impuniti contro Dio stesso.

Non solo, convinto che i seguaci di Gesù Cristo rappresentassero una minaccia per il giudaismo farisaico che lui professava con passione, Saulo li perseguitò implacabilmente nel tentativo di distruggere la chiesa, divenendo un leader nella cattura dei primi cristiani.

Imprigionò numerosi credenti, esprimendosi a favore ogni qualvolta si votava perché fossero uccisi, ne punì moltissimi nelle sinagoghe, cercò di costringerli a bestemmiare contro Gesù Cristo, fino ad arrivare a perseguitarli anche in città straniere.

Poi, un giorno, Saulo fece un'esperienza tremenda che gli sconvolse la vita. Sulla strada di Damasco, improvvisamente, fu abbagliato da una luce che veniva dal cielo.

"Saulo, Saulo, perché mi perseguiti?"
"Chi sei tu, Signore?"
"Io sono quel Gesù che tu perseguiti."

Cadde da cavallo e tentò di rialzarsi ma Saulo aveva gli occhi accecati, non vedeva nulla, così qualcuno lo condusse a Damasco dove rimase per tre giorni, sempre in una condizione di cecità, senza né mangiare né bere. Dopo questo incidente, il Signore apparve in visione ad un discepolo di nome Anania.

> *"E il Signore a lui: «Àlzati, va' nella strada chiamata Diritta, e cerca in casa di Giuda uno di Tarso chiamato Saulo; poiché ecco, egli è in preghiera, e ha visto in visione un uomo, chiamato Anania, entrare e imporgli le mani perché ricuperi la vista."* Ma il Signore gli disse: *"Va', perché egli è uno strumento che ho scelto per portare il mio nome davanti ai popoli, ai re, e ai figli d'Israele; perché io gli mostrerò quanto debba soffrire per il mio nome"* (Atti 9:11-12, 15-16).

Quando Anania impose le sue mani su Saul al fine di pregare per lui, subito dai suoi occhi caddero come delle squame ed immediatamente riacquistò la vista. Dopo aver incontrato il Signore, Saulo comprese in tutto e per tutto i suoi peccati e fu ribattezzato "Paolo", che significa "un piccolo uomo." Da quel momento in poi predicò incessantemente ai gentili l'Iddio vivente e il vangelo di Gesù Cristo.

"Vi dichiaro, fratelli, che il vangelo da me annunciato non è opera d'uomo; perché io stesso non l'ho ricevuto né l'ho imparato da un uomo, ma l'ho ricevuto per rivelazione di Gesù Cristo. Infatti voi avete udito quale sia stata la mia condotta nel passato, quand'ero nel giudaismo; come perseguitavo a oltranza la chiesa di Dio, e la devastavo; e mi distinguevo nel giudaismo più di molti coetanei tra i miei connazionali, perché ero estremamente zelante nelle tradizioni dei miei padri. Ma Dio che m'aveva prescelto fin dal seno di mia madre e mi ha chiamato mediante la sua grazia, si compiacque di rivelare in me il Figlio suo perché io lo annunciassi fra gli stranieri. Allora io non mi consigliai con nessun uomo, né salii a Gerusalemme da quelli che erano stati apostoli prima di me, ma me ne andai subito in Arabia; quindi ritornai a Damasco" (Galati 1:11-17).

Dopo aver incontrato il Signore Gesù Cristo e nell'attività di diffusione del Vangelo, Paolo sopportò ogni tipo di sofferenze che non possono essere adeguatamente descritte a parole. Paolo ha subito più, faticato di più, è stato imprigionato di più e percosso di più di qualsiasi altro apostolo. Spesso si è trovato in pericolo di morte, ha passato innumerevoli notti in bianco, ha avuto sete e fame, ha subito freddo e nudità (2 Corinzi 11:23-27).

Avrebbe potuto facilmente fare un'esistenza prospera e confortevole, dato il suo status, l'autorità, la conoscenza e la saggezza di cui era provvisto, ma Paolo ha ceduto tutto ciò che possedeva al Signore.

> *"Perché io sono il minimo degli apostoli, e non sono degno di essere chiamato apostolo, perché ho perseguitato la chiesa di Dio. Ma per la grazia di Dio io sono quello che sono; e la grazia sua verso di me non è stata vana; anzi, ho faticato più di tutti loro; non io però, ma la grazia di Dio che è con me"* (1 Corinzi 15:9-10).

Paolo dichiarava audacemente quanto abbiamo appena letto perché aveva incontrato Gesù Cristo molto da vicino. Il Signore non si limitò ad imbattersi in Paolo sulla via di Damasco, ma affermò a gran voce la sua presenza, mostrando, attraverso l'apostolo, azioni meravigliose e potenti.

Dio compì miracoli straordinari tramite Paolo, come quelli dei fazzoletti, su cui lui pregava e, dopo averli poggiati sul corpo dei malati, le malattie li lasciavano e gli spiriti maligni uscivano. Non solo, Paolo riportò un giovane di nome Eutico in vita dopo che cadde dal terzo piano e venne raccolto esanime. Far resuscitare un uomo non è possibile senza la potenza di Dio.

L'Antico Testamento racconta che il Profeta Elia riportò in vita il figlio di una vedova di Sarepta e che il profeta Eliseo resuscitò il bambino della vedova di Sunem. Come il salmista scrive nel Salmo 62:11: *"Dio ha parlato una volta, due volte ho udito questo: che il potere appartiene a Dio."* Egli dona la sua potenza ai suoi uomini.

Durante i suoi tre viaggi missionari, Paolo stabilì le basi per la divulgazione mondiale del Vangelo di Gesù Cristo e per la costruzione di chiese in molti luoghi in Asia e in Europa, tra cui l'Asia Minore e in Grecia. L'apostolo ha aperto il sentiero per il quale il vangelo di Gesù Cristo sarebbe stato predicato in ogni angolo della terra, attraverso cui una miriade di anime sarebbero giunte alla salvezza.

Pietro manifesta grande potenza e conduce molte anime alla salvezza

Che dire di Pietro, che ha sostenuto l'impegno di predicare il Vangelo agli ebrei? Era un pescatore normale prima di incontrare Gesù, ma dopo essere stato chiamato ad essere testimone in prima persona delle cose meravigliose fatte dal Signore, Pietro divenne uno dei suoi migliori discepoli.

Lui fu testimone diretto della manifestazione del potere

divino, vide, infatti, Gesù aprire gli occhi ai ciechi, far camminare gli storpi, resuscitare i morti, coprire le mancanze e le trasgressioni della gente e compiere altre azioni magnifiche. Per questo dichiarò: "Lui proviene direttamente da Dio." In Matteo 16 possiamo leggere l'intera dichiarazione.

Gesù chiese ai suoi discepoli: *"Voi, chi dite che io sia?"* (v. 15) e Pietro rispose: *"Tu sei il Cristo, il Figlio del Dio vivente"* (v. 16).

La notte in cui fu catturato e crocifisso, per paura di essere ucciso, Pietro negò persino di conoscere Gesù, per ben tre volte! Poi, qualcosa di straordinario accadde che consentì a Pietro di fare l'audace dichiarazione di poche righe fa. Pietro disse a Gesù, durante l'ultima cena: *"Quand'anche tu fossi per tutti un'occasione di caduta, non lo sarai mai per me"* (Matteo 26:33). Dopo la resurrezione e l'ascesa di Gesù al cielo, Pietro ricevette lo Spirito Santo e fu trasformato in un modo meraviglioso.

Da quel giorno in poi dedicò ogni attimo della sua vita alla predicazione del vangelo di Gesù Cristo, senza temere la morte. Un giorno, ben 3.000 persone si pentirono e furono battezzate dopo che l'apostolo testimoniò di Gesù Cristo. Non solo, proclamò audacemente che Gesù Cristo è il Signore e il Salvatore anche davanti ai capi ebrei che lo minacciavano di morte.

"E Pietro a loro: «Ravvedetevi e ciascuno di voi sia battezzato nel nome di Gesù Cristo, per il perdono dei

vostri peccati, e voi riceverete il dono dello Spirito Santo. Perché per voi è la promessa, per i vostri figli, e per tutti quelli che sono lontani, per quanti il Signore, nostro Dio, ne chiamerà" (Atti 2:38-39).

"Egli è 'la pietra che è stata da voi costruttori rifiutata, ed è divenuta la pietra angolare'. In nessun altro è la salvezza; perché non vi è sotto il cielo nessun altro nome che sia stato dato agli uomini, per mezzo del quale noi dobbiamo essere salvati" (Atti 4:11-12).

Pietro mostrava la potenza di Dio manifestando molti segni e prodigi. A Lydda, Pietro guarì un uomo che era stato paralizzato per otto anni, e nella vicina Giaffa, resuscitò una ragazza di nome Tabitha. Non solo, è scritto che Pietro rialzò e fece camminare dei paralizzati, guarì persone da svariate malattie e scacciò via molti demoni.

La potenza di Dio era davvero con Pietro, a tal punto che la gente portava i propri malati nelle piazze sulle lettighe aspettando che Pietro passasse da lì, perché, anche solo la sua ombra toccasse uno di loro e lo guarisse (Atti 5:15).

Inoltre, attraverso delle visioni, Dio rivelò a Pietro che il Vangelo della salvezza doveva essere portato anche ai gentili. Un giorno, mentre era sulla sua terrazza a pregare, Pietro ebbe fame e volle mangiare qualcosa. Mentre gli preparavano il pranzo, Pietro venne rapito in estasi e vide il cielo aprirsi e scendere una gran tovaglia che conteneva ogni genere di quadrupedi, rettili della terra e uccelli del cielo (Atti 10:9-12). Pietro allora udì una voce: *"Alzati, Pietro, uccidi e mangia!"* (v. 13) Ma Pietro gli disse: *"Niente affatto, Signore, io non ho mai mangiato nulla di profano né di immondo"* (v. 14). Di nuovo, una seconda volta, la stessa voce: *"Quello che Dio ha purificato, non considerarlo più impuro"* (v. 15).

La cosa si è ripetuta per ben tre volte, finché il tutto fu ritirato in cielo. Pietro proprio non riusciva a capire perché Dio gli avesse ordinato di mangiare di "impuro", come prescritto dalla legge di Mosè. Mentre meditava su quanto aveva visto, lo Spirito Santo gli disse: *"Ecco tre uomini che ti cercano. Àlzati dunque, scendi e va' con loro, senza fartene scrupolo, perché li ho mandati io"* (Atti 10:19-20). I tre uomini che da lì a poco sarebbero arrivati giungevano in nome di Cornelio, un gentile che voleva invitare l'apostolo a casa sua.

Attraverso questa visione, Dio aveva rivelato a Pietro che, per la sua misericordia, Egli desiderava che il vangelo fosse predicato anche ai pagani. In questo modo il Signore esortò Pietro a diffondere il Vangelo del Signore Gesù Cristo anche tra di loro. Pietro rimase profondamente grato al Signore e lo amò fino alla fine, perché gli aveva affidato un compito sacro come suo apostolo sebbene lo avesse rinnegato tre volte. Pietro non ha risparmiato la sua vita nel condurre più anime possibili verso la salvezza, ed infine è morto da martire.

Giovanni l'apostolo che ha profetizzato gli ultimi giorni per rivelazione di Gesù Cristo

Anche Giovanni era un pescatore della Galilea, ma, dopo essere stato chiamato da Gesù, pure lui lasciò la rete e camminò con il Maestro, testimoniando la manifestazione della potenza di Dio attraverso i segni e i prodigi compiuti dal Signore. Giovanni vide Gesù trasformare l'acqua in vino alle nozze di Cana, guarire i malati – anche cronici – scacciare i demoni da molti e aprire gli occhi ai ciechi. Non solo, Giovanni vide con i suoi occhi Gesù camminare sulle acque e riportare in vita Lazzaro, che era morto da quattro giorni.

Giovanni era con Gesù sul monte della trasfigurazione, quando il volto di Gesù brillò come il sole e le sue vesti divennero candide come la luce. Lo vide parlare con Mosè ed Elia. Quando Gesù stava per esalare l'ultimo respiro alla croce, si rivolse a Giovanni e a Maria dicendo loro: *"Donna, ecco tuo figlio!"* (Giovanni 19:26) *"Ecco tua madre!"* (Giovanni 19:27)

Con questa ultima parola che Gesù proferì alla croce, in termini puramente terreni, stava confortando Maria, che lo aveva cresciuto e gli aveva dato la vita fisica, ma in senso spirituale, stava annunciando che tutti i credenti sono fratelli, sorelle e madri.

Gesù non ha mai chiamato Maria "Madre." Gesù, Figlio di Dio, è Dio, e quindi, in sostanza, nessuno avrebbe potuto dargli la vita, non poteva avere una "genitrice." Il motivo per cui Gesù disse al più giovane dei discepoli: "Ecco tua madre!" stava a significare che Giovanni avrebbe dovuto servire Maria come sua madre. E, infatti, da quel momento Giovanni prese Maria in casa sua e la servì come se fosse stata sua madre.

Dopo la risurrezione e l'ascensione di Gesù, Giovanni predicò diligentemente il vangelo insieme agli altri apostoli, nonostante le continue minacce degli ebrei. Attraverso la loro fervente predicazione del vangelo, la Chiesa primitiva visse un risveglio spettacolare, ma allo stesso tempo, gli apostoli diventarono sempre più oggetto di persecuzioni.

Giovanni l'Apostolo fu messo giudicato dal Consiglio dei Giudei e, in seguito, fu immerso nell'olio bollente dall'imperatore romano Domiziano. Ma, per la provvidenza divina, Giovanni uscì indenne da tale tortura e l'Imperatore lo esiliò sull'isola greca di Patmos, nel Mar Mediterraneo. Lì, Giovanni condusse una vita di preghiera, entrò profondamente in comunione con Dio e, attraverso l'ispirazione dello Spirito Santo e la guida degli angeli, vide molte visioni prendendo nota delle rivelazioni di Gesù Cristo.

> *"Rivelazione di Gesù Cristo, che Dio gli diede per mostrare ai suoi servi le cose che devono avvenire tra breve, e che egli ha fatto conoscere mandando il suo angelo al suo servo Giovanni"* (Apocalisse 1:1).

Attraverso l'ispirazione dello Spirito Santo, Giovanni l'Apostolo scrisse in dettaglio a proposito di cose che sarebbe accadute negli ultimi giorni del mondo, in modo che tutti gli uomini avrebbero accettato Gesù come loro Salvatore e si fossero preparati a riceverlo, al suo ritorno, come Re dei re e Signore dei signori.

I primi cristiani furono fermi nella propria professione di fede

Quando il Gesù risorto ascese al cielo, promise ai suoi discepoli che sarebbe tornato nello stesso modo in cui se ne stava andando.

I testimoni della risurrezione di Gesù e della sua ascensione erano ben consapevoli che la morte era stata sconfitta e quindi non la temevano. Ecco perché testimoniarono Cristo coraggiosamente, incuranti delle minacce di oppressione dei governanti di allora e delle persecuzioni che spesso gli costavano la vita. Non solo i testimoni del ministero pubblico Gesù ma anche molti altri, in seguito, furono preda di persecuzioni feroci, furono preda dei leoni al Colosseo a Roma, decapitati, crocifissi, e arsi vivi fino ad essere ridotti in cenere. Nessuno di loro, però, venne meno alla propria fede in Gesù Cristo.

Con l'avanzare della persecuzione contro i cristiani, i fratelli della Chiesa primitiva che vivevano in Roma iniziarono a nascondersi nelle catacombe, luoghi noti come "sepolture sotterranee." Vivevano esistenze miserabili, come se non fossero realmente vivi, tutto questo perché il loro amore per il Signore era appassionato e sincero e non temevano alcun tipo di prova o tormento.

Prima che il cristianesimo fosse riconosciuto ufficialmente

presso l'Impero Romano, la repressione contro i cristiani fu stata dura e crudele oltre ogni possibile descrizione. I cristiani venivano privati della loro cittadinanza, le Bibbie e le chiese venivano date alle fiamme, i leader delle varie chiese e quanti si occupavano della chiesa venivano arrestati, brutalmente torturati e infine, giustiziati.

Uno di questi uomini coraggiosi serviva presso la chiesa di Smirne in Asia Minore. Si chiamava Policarpo e conosceva personalmente Giovanni l'Apostolo. Policarpo fu un vescovo devoto e quando i romani lo arrestarono, rimase in piedi davanti al governatore, non abbandonò la sua fede.

"Io non voglio farti del male. Ordina a quei cristiani di essere uccisi e io ti rilascerò. Maledici Cristo!"

"Sono stato un suo servo per ottantasei anni ed Egli non mi ha mai fatto del male, come potrei bestemmiare il mio Re che mi ha salvato?"

Tentarono di dargli fuoco ma non vi riuscirono perché le fiamme non lo consumavano. Fu quindi pugnalato a morte. Così morì martire il vescovo di Smirne, Policarpo. Nel testimoniare e udire di Policarpo, della sua passio, molti cristiani del suo tempo iniziarono a professare la loro fede in Cristo con molta più passione e non ebbero più paura di scegliere la via del martirio.

"Uomini d'Israele, badate bene a quello che state per fare circa questi uomini. Poiché, prima d'ora, sorse Teuda, dicendo di essere qualcuno; presso di lui si raccolsero circa quattrocento uomini; egli fu ucciso, e tutti quelli che gli avevano dato ascolto furono dispersi e ridotti a nulla. Dopo di lui sorse Giuda il Galileo, ai giorni del censimento, e si trascinò dietro della gente; anch'egli perì, e tutti quelli che gli avevano dato ascolto furono dispersi. E ora vi dico: tenetevi lontani da loro, e ritiratevi da questi uomini; perché, se questo disegno o quest'opera è dagli uomini, sarà distrutta; ma se è da Dio, voi non potrete distruggerli, se non volete trovarvi a combattere anche contro Dio" (Atti 5:35-39).

Così il noto Gamaliele esortò il popolo di Israele riguardo al vangelo di Gesù Cristo, ed, infatti, ciò che è da Dio non può essere abbattuto. Infine, nel 313 DC, l'imperatore Costantino riconobbe il cristianesimo come religione ufficiale del suo impero e il vangelo di Gesù Cristo iniziò ad essere predicato al mondo intero.

La testimonianza su Gesù nel rapporto di Pilato

Tra i documenti storici dei tempi dell'Impero romano, vi è un manoscritto sulla risurrezione di Gesù che Ponzio Pilato, governatore della provincia romana della Giudea, scrisse e inviò all'imperatore.

Il seguente è un estratto preso dalla "Relazione di Pilato a Cesare su l'arresto, il processo, e la crocifissione di Gesù", attualmente conservato nell'Hagia Sofia di Istanbul, in Turchia:

"Pochi giorni dopo che il sepolcro fu trovato vuoto, i suoi discepoli proclamarono in tutto il Paese che Gesù era risorto dai morti, come aveva predetto. Ciò ha creato ancora più scompiglio della crocifissione. Per quanto riguarda la veridicità dell'evento, non posso dire per certo, ma ho fatto qualche indagine in materia, in modo che tu possa esaminare da te stesso, e vedere se io sono in colpa, come Erode rappresenta.

Giuseppe fece seppellire Gesù nella tomba che aveva fatto preparare per sé; che contemplasse la sua resurrezione o di farsi tagliare un'altra tomba, questo io non posso dirlo. Il giorno dopo che fu seppellito uno dei sacerdoti giunse al pretorio e disse che vi era molta preoccupazione riguardo ai discepoli di Gesù che si diceva volessero rubare il suo corpo e nasconderlo, per far sembrare che fosse risuscitato dai morti, come aveva predetto, cosa di cui erano tutti perfettamente convinti.

Ho mandato a dire al capitano della guardia reale (Malcus) di prendere dei soldati ebrei, da posizionare intorno al sepolcro, tanti quanti ce ne fosse bisogno, così se dovesse succedere qualcosa, avrebbero incolpato sé stessi e non i romani.

Con l'aumentare dell'entusiasmo sorto a motivo del sepolcro trovato vuoto, sentivo crescere in me una sollecitudine più profonda che mai e per questo ho inviato un uomo di nome Islam a me molto vicino e di grande fiducia, alla tomba, in modo che potesse raccontarmi bene tutto ciò che succedeva intorno a questo luogo. Mi disse cha a un certo punto vide una luce delicata uscire dal sepolcro. Prima di questo le donne si erano presentate per imbalsamare il corpo di Gesù, come era loro costume, ma non vi poterono accedere perché fu impedito loro dalle guardie. Dopo di ciò, ecco, tutto il luogo fu illuminato e sembrava ci fosse in piedi una folla di morti vestiti con i panni della sepoltura.

Ogni cosa sembrava urlare in estasi, tutto intorno e sopra si diffondeva la musica più bella che la terra avesse mai sentito e nell'aria tutto sembrava lodare Dio. Pareva quasi che la terra sprofondasse e a motivo di ciò lui svenne e per questo non fu in grado di raccontarmi ciò che si era verificato."

Come leggiamo in Matteo 27:51-53: "Ed ecco, la cortina del tempio si squarciò in due, da cima a fondo, la terra tremò, le rocce si schiantarono, le tombe s'aprirono e molti corpi dei santi, che dormivano, risuscitarono; e, usciti dai sepolcri, dopo la risurrezione di lui, entrarono nella città santa e apparvero a molti."

Moltissimi testimoni del Signore Gesù Cristo

Non soltanto i discepoli di Gesù che lo avevano servito durante il Suo ministero testimoniarono della veridicità del vangelo di Gesù Cristo, ma, proprio come disse il Signore in Giovanni 14:13: *"...e quello che chiederete nel mio nome, lo farò; affinché il Padre sia glorificato nel Figlio"*, moltissime persone confermarono di aver ricevuto le risposte alle loro preghiere e testimoniarono la risurrezione e l'ascensione al cielo dei Gesù Cristo.

"Ma avrete forza dallo Spirito Santo che scenderà su di voi e mi sarete testimoni in Gerusalemme e in tutta la Giudea e la Samaria e fino alla parte più remoti della terra" (Atti 1:8).

Ho accettato il Signore dopo essere stato guarito dalla potenza di Dio da tutte le mie malattie, infermità per cui la scienza medica era stata completamente impotente. In seguito sono stato unto per essere un servo del Signore Gesù Cristo, e da allora non ho smesso di predicare il Vangelo a tutti i popoli e di manifestare segni e prodigi.

Come promesso nel verso sopra, molte persone sono diventati figli di Dio mediante lo Spirito Santo e hanno dedicato la propria vita alla predicazione del vangelo di Gesù Cristo attraverso la potenza dello Spirito Santo. Queste modalità hanno permesso che Vangelo si diffondesse in tutto il mondo. Così, innumerevoli persone oggi conoscono l'Iddio vivente e hanno accettato Gesù Cristo.

"Andate per tutto il mondo, predicate il vangelo a ogni creatura. Chi avrà creduto e sarà stato battezzato sarà salvato; ma chi non avrà creduto sarà condannato. Questi sono i segni che accompagneranno coloro che avranno creduto: nel nome mio scacceranno i demòni; parleranno in lingue nuove; prenderanno in mano dei serpenti; anche se berranno qualche veleno, non ne avranno alcun male; imporranno le mani agli ammalati ed essi guariranno" (Marco 16:15-18).

Chiesa del Santo Sepolcro sul Golgota, la collina del Calvario, a Gerusalemme

Capitolo 2
Il Messia inviato da Dio

Dio promette il Messia

Israele ha spesso perso la propria sovranità soffrendo di diverse invasioni perpetuate da nazioni straniere, in particolare a causa della Persia e di Roma. Attraverso i suoi profeti, Dio ha promesso più e più volte che sarebbe arrivato un Messia a salvare e governare Israele. Queste promesse costituivano la fonte maggiore di speranza per gli Israeliti afflitti.

"Poiché un bambino ci è nato, un figlio ci è stato dato, e il dominio riposerà sulle sue spalle; sarà chiamato Consigliere ammirabile, Dio potente, Padre eterno, Principe della pace, per dare incremento all'impero e una pace senza fine al trono di Davide e al suo regno, per stabilirlo fermamente e sostenerlo mediante il diritto e la giustizia, da ora e per sempre: questo farà lo zelo del SIGNORE degli eserciti. Il Signore manda una parola a Giacobbe, ed essa cade sopra Israele" (Isaia 9:5-7).

"Ecco, i giorni vengono», dice il SIGNORE, «in cui io farò sorgere a Davide un germoglio giusto, il quale regnerà da re e prospererà; eserciterà il

diritto e la giustizia nel paese. Nei suoi giorni Giuda sarà salvato e Israele starà sicuro nella sua dimora; questo sarà il nome con il quale sarà chiamato: SIGNORE nostra giustizia" (Geremia 23:5-6).

"Esulta grandemente, o figlia di Sion, manda grida di gioia, o figlia di Gerusalemme; ecco, il tuo re viene a te; egli è giusto e vittorioso, umile, in groppa a un asino, sopra un puledro, il piccolo dell'asina. Io farò sparire i carri da Efraim, i cavalli da Gerusalemme e gli archi di guerra saranno distrutti. Egli parlerà di pace alle nazioni, il suo dominio si estenderà da un mare all'altro, e dal fiume sino alle estremità della terra" (Zaccaria 9:9-10).

Israele non ha mai smesso di aspettare il Messia, fino ad oggi. Molti ebrei si domandano per quale motivo la comparsa del Messia ritardi così tanto. La risposta risiede nel semplice fatto che il Messia è già arrivato.

Gesù, il Messia, soffrì come profetizzato da Isaia

Il Messia che Dio ha promesso ad Israele è Gesù. Egli nacque a Betlemme di Giudea circa duemila anni fa, e, quando il tempo fu quello giusto, morì sulla croce, risorse e aprì a tutti gli uomini il cammino per la salvezza. Gli ebrei contemporanei di Gesù, tuttavia, non lo riconobbero come il Messia che stavano aspettando, perché era totalmente diverso dall'immagine del Messia che loro si erano formati.

Gli ebrei, infatti, stanchi di subire questo lungo periodo di dominio coloniale, si aspettavano un Messia potente che li affrancasse sul campo della lotta politica. Essi pensavano che il Messia sarebbe arrivato in qualità di forte re di Israele, per porre fine a tutte le guerre, per liberare la nazione dalla persecuzione e dall'oppressione straniera, per dare loro la vera pace e renderli la nazione più forte di tutte.

Tuttavia, Gesù non è venuto in questo mondo nel suo aspetto regale – in splendore e maestà – ma come figlio di un povero falegname. Egli non era nemmeno venuto a liberare Israele dall'oppressione di Roma, o per ripristinare l'antico splendore degli israeliti. Egli venne nel mondo per salvare l'umanità che era destinata alla distruzione dal giorno in cui Adamo aveva peccato. Gesù è giunto per trasformare gli esseri umani in veri figli di Dio.

Per queste ragioni, gli ebrei non riconobbero in Gesù il Messia e lo crocifissero. Se studiamo la rappresentazione del Messia attraverso la Bibbia, però, non ci rimane che affermare: sì, Gesù è davvero il Messia.

"Egli è cresciuto davanti a lui come una pianticella, come una radice che esce da un arido suolo; non aveva forma né bellezza da attirare i nostri sguardi, né aspetto tale da piacerci. Disprezzato e

abbandonato dagli uomini, uomo di dolore, familiare con la sofferenza, pari a colui davanti al quale ciascuno si nasconde la faccia, era spregiato, e noi non ne facemmo stima alcuna" (Isaia 53:2-3).

Dio disse agli Israeliti che il Messia, il Re di Israele, non avrebbe avuto alcuna forma di maestà solenne, benché meno un aspetto da attirare gli sguardi. Disse, piuttosto, che sarebbe stato disprezzato e abbandonato dagli uomini. Eppure, gli Israeliti non riconobbero Gesù come il Messia che Dio aveva loro promesso.

Egli fu disprezzato e abbandonato dagli eletti di Dio, gli Israeliti, ma Dio pose Gesù Cristo al di sopra tutte le nazioni e, da allora fino ad oggi, un numero infinito di persone lo ha accettato in qualità di proprio Salvatore.

Come scritto nel Salmo 118:22-23, *"La pietra che i costruttori avevano disprezzata è divenuta la pietra angolare. Questa è opera del SIGNORE, è cosa meravigliosa agli occhi nostri"*, la provvidenza della salvezza del genere umano è stato realizzata da quel Gesù che Israele ha abbandonato.

Gesù non aveva le sembianze del Messia che Israele si aspettava di vedere. Noi, però, possiamo ben capire che Gesù è il Messia profetizzato da Dio attraverso i profeti.

Tutta la gloria, la pace e la restaurazione che Dio aveva promesso attraverso il Messia, apparteneva e appartiene al regno spirituale. Gesù, che è venuto nel mondo per essere il Redentore, disse: *"Il mio regno non è di questo mondo"* (Giovanni 18:36).

Il Messia profetizzato da Dio non aveva a che fare con autorità e gloria terrene. Egli non è venuto in questo mondo per dare ricchezza, reputazione e onore ai figli di Dio durante la loro vita temporanea in questo mondo. Egli è venuto per salvare il suo popolo dal loro peccato e per portarli a godere della gioia e della gloria in cielo, in eterno, per sempre.

> *"In quel giorno, verso la radice d'Isai, issata come vessillo dei popoli, si volgeranno premurose le nazioni, e la sua residenza sarà gloriosa"* (Isaia 11:10).

Il Messia promesso, non sarebbe venuto solo per gli eletti di Dio, gli Israeliti, ma anche per mantenere la promessa di salvezza verso tutti coloro che avrebbero accettato la parola divina attraverso la fede, seguendo le orme di Abramo. In breve, il Messia avrebbe adempiuto la promessa salvifica di Dio, in qualità di Salvatore di tutte le nazioni della terra.

La necessità di un Salvatore per tutti gli uomini

Perché era necessario che il Messia venisse non solo per la salvezza del popolo di Israele ma anche per la liberazione di tutta l'umanità?

In Genesi 1:28, Dio benedisse Adamo ed Eva e disse loro: *"Siate fecondi e moltiplicatevi; riempite la terra, rendetevela soggetta, dominate sui pesci del mare e sugli uccelli del cielo e sopra ogni animale che si muove sulla terra."*

Dopo aver creato Adamo e averlo istituito a capo di tutte le altre creature, Dio diede al primo uomo il potere di soggiogare e di dominare la terra. Quando Adamo mangiò del frutto dell'albero della conoscenza del bene e del male – cosa che Dio gli aveva espressamente proibito – e commise il peccato di disobbedienza, cedendo alla tentazione istigato da Satana il serpente, Adamo perse quest'autorità.

Vivendo in obbedienza alla parola di giustizia di Dio, Adamo ed Eva non erano degli schiavi e godevano dell'autorità che Dio aveva dato loro, ma, dopo aver peccato, divennero schiavi del peccato e del demonio, e per questo costretti ad abbandonare tale autorità (Romani 6:16). Di conseguenza, ogni autorità che Adamo aveva ricevuto da Dio, fu consegnata al diavolo.

Nel Vangelo di Luca, al capitolo 4, il diavolo tentò Gesù, che aveva appena finito un digiuno durato quaranta giorni, per ben tre volte. Il nemico mostrò a Gesù tutti i regni del mondo e gli disse: *"Ti darò tutta questa potenza e la gloria di questi regni; perché essa mi è stata data, e la do a chi voglio. Se dunque tu ti prostri ad adorarmi, sarà tutta tua"* (Luca 4:6-7). Nel pronunciare queste parole, l'avversario implica che "potenza e gloria" gli erano stati consegnati da Adamo e, se lo voleva, poteva a sua volta rimetterli a qualcun altro.

Sì, Adamo perse la sua autorità e la consegnò al diavolo, divenendo, di conseguenza, uno schiavo del demonio. Da allora,

Adamo ha accumulato peccato sopra peccato avviandosi, di fatto, sulla via della morte, il compenso del peccato. Questo processo non si è fermato con Adamo, ma ha interessato tutti i suoi discendenti, i quali, oltre ad aver ereditato il peccato originario di Adamo, sono stati posti sotto l'autorità di Satana.

Tutto questo rende chiaro quanto fosse necessario che il Messia venisse per tutti gli uomini e non solo per gli eletti di Dio, gli Israeliti, essendo Lui l'unico in grado di affrancare dall'autorità di Satana.

Qualifiche del Messia

Così come esistono leggi e regole nel nostro mondo, sussistono precetti e norme anche nel mondo spirituale. Che un individuo cada in perdizione o riceva il perdono dei suoi peccati arrivando a salvezza, dipende dal rispetto di queste leggi.

Quali sono le qualifiche che deve avere il Messia per soddisfare l'esigenza principale, e cioè, liberare l'umanità da tutte le maledizioni della legge?

Le disposizioni relative alle qualifiche del Messia si trovano nella legge che Dio ha dato ai suoi eletti in Levitico, Sto parlando della legge chiamata "riscatto del suolo."

> *"Le terre non si venderanno per sempre; perché la terra è mia e voi state da me come stranieri e ospiti. Perciò, in tutto il paese che sarà vostro possesso, concederete il diritto di riscatto del suolo. Se uno dei vostri diventa povero e vende una parte della sua proprietà, colui che ha il diritto di riscatto, il suo parente più prossimo, verrà e riscatterà ciò che suo fratello ha venduto"* (Levitico 25:23-25).

La legge del "riscatto del suolo" contiene i segreti delle qualifiche del Messia

Gli Israeliti vivevano secondo il libro della legge, che includeva anche indicazioni riguardo transazioni commerciali, come, ad esempio vendere e comprare la terra. Anche in questi ambiti gli ebrei rispettavano rigorosamente la legge del riscatto del suolo come riportata nella Bibbia. A differenza del diritto fondiario di altri paesi, la legislazione israelita prevedeva, in ogni contratto di compravendita immobiliare, l'esplicita dicitura che, il terreno non veniva venduto in modo permanente, ma avrebbe potuto essere riacquistato in un secondo momento. Si prevedeva così, infatti, la possibilità che un parente facoltoso potesse riscattare il podere per un membro della sua famiglia che si era trovato costretto a venderlo. Inoltre, se il venditore non aveva nessun parente abbastanza ricco da riscattare il suo fondo, ma, da sé riusciva a recuperare i mezzi per il suo riscatto, la legge consentiva al proprietario originale del terreno di riacquistarlo per sé.

Ma in che modo la legge del riscatto del suolo in Levitico è connessa con le qualifiche del Messia?

Per meglio comprendere questi concetti dobbiamo tenere presente che l'uomo è stato formato dalla polvere della terra. In Genesi 3:19, Dio disse ad Adamo: *"...mangerai il pane con il sudore del tuo volto, finché tu ritorni nella terra da cui fosti tratto; perché sei polvere e in polvere ritornerai."* E si legge in Genesi 3:23: *"Perciò Dio il SIGNORE mandò via l'uomo dal giardino d'Eden, perché lavorasse la terra da cui era stato tratto."*

Dio disse ad Adamo: "...perché sei polvere", e "sei stato tratto dalla terra", perché l'uomo è stato formato direttamente dalla polvere del suolo. Ecco perché la legge del riscatto del suolo – che regola l'acquisto e la vendita della terra – è direttamente collegata alla legge del regno spirituale relativa alla salvezza del genere umano.

Secondo la legge del riscatto del suolo, Dio è il proprietario di tutta la terra e nessun uomo può vendere un terreno in modo permanente. Allo stesso modo, ogni autorità che Adamo aveva ricevuto da Dio gli appartiene e nessuno può, quindi, cederla in modo permanente. Per la legge del riscatto del suolo, se un individuo si trovava in disgrazia e nella sua povertà era costretto a vendere la propria terra, questa avrebbe potuto essere riscattata nel caso in cui fosse sopraggiunto un "riscattatore." Allo stesso modo, il diavolo doveva restituire l'autorità che gli era stata ceduta da Adamo quando una figura che poteva riscattarla fosse apparsa.

Sulla base della legge del riscatto del suolo, l'Iddio d'amore e di giustizia aveva già in serbo chi avrebbe recuperato tutta l'autorità che Adamo aveva consegnato al diavolo: il Messia, Gesù Cristo, che era già stato preparato da Dio.

Tutte le qualifiche del Salvatore soddisfatte da Gesù Cristo

Vediamo ora perché Gesù è il Messia e il Salvatore di tutti gli uomini in base alla legge sul riscatto della terra.

In primo luogo, proprio come il redentore del suolo doveva essere un parente, il Salvatore doveva essere un uomo per redimere l'umanità dai suoi peccati, perché tutti gli esseri umani sono diventati dei peccatori attraverso il peccato del primo uomo, Adamo. Levitico 25:25 ci dice: *"Se uno dei vostri diventa povero e vende una parte della sua proprietà, colui che ha il diritto di riscatto, il suo parente più prossimo, verrà e riscatterà ciò che suo fratello ha venduto."* Se una persona non poteva più permettersi di conservare il proprio podere e lo vendeva, il suo parente più prossimo poteva riacquistarlo per lui. Allo stesso modo, poiché il primo uomo, Adamo, ha peccato e per questo ha consegnato l'autorità che di Dio gli aveva dato in mano al diavolo, la redenzione di questa autorità poteva e doveva essere compiuta da un uomo, dal "parente più prossimo" di Adamo.

Come leggiamo in 1 Corinzi 15:21: *"Infatti, poiché per mezzo di un uomo è venuta la morte, così anche per mezzo di un uomo è venuta la risurrezione dei morti"*, la Bibbia ribadisce che la redenzione dei peccatori non poteva essere compiuta attraverso gli angeli o altre creature, ma solo tramite un uomo. L'umanità viaggia sulla strada della morte a causa del peccato di Adamo, il primo essere umano, per questo qualcun altro doveva riscattarla, ma sarebbe stato possibile solo ad un "parente prossimo", di Adamo.

Gesù possedeva sia la natura umana, essendo nato da un essere umano, che la natura divina, in quanto Figlio di Dio. Questo al fine di redimere l'umanità dai suoi peccati (Giovanni 1:14). Come essere umano, Gesù si stancava, aveva fame, sete, gioia e dispiaceri. Quando fu sulla croce, Gesù perse tutto il suo sangue e provò, come qualsiasi altro uomo, il dolore prodotto da un tale tormento.

Anche nel contesto storico, sussistono prove innegabili del fatto che Gesù è esistito e vissuto in questo mondo. Una per tutte, è il punto di riferimento che regola la cronologia della storia del genere umano, che è appunto suddivisa in due blocchi: AC, prima di Cristo, DC, dopo Cristo. Da solo, questo fatto afferma che Gesù è realmente nato in mezzo a noi da uomo, in risposta alla prima qualifica del Salvatore: venire alla luce in questo mondo come un essere umano.

In secondo luogo, dato che il presunto redentore non avrebbe potuto riscattare il suolo se fosse stato povero. Se, ad esempio, un fratello voleva pagare il debito di sua sorella, egli stesso doveva essere privo di debiti. Allo stesso modo, per affrancare gli altri dai loro peccati, colui che riscatta deve essere senza colpa. Se il redentore è un peccatore – e quindi anch'egli schiavo del peccato – come potrebbe riscattare altri?

Dopo che Adamo disobbedì, tutti i suoi discendenti sono nati con il peccato originale e quindi, nessun discendente di Adamo avrebbe mai potuto essere il Salvatore.

Per quanto riguarda il lignaggio terreno, Gesù era un discendente diretto di Davide ed i suoi genitori erano Giuseppe e Maria. Matteo 1:20, però, ci dice: *"...perché ciò che in lei è generato, viene dallo Spirito Santo."*

Il motivo per cui ogni individuo nasce con il peccato originale è perché ne eredita gli attributi dai suoi genitori, attraverso lo sperma del padre e l'ovocita della madre. Gesù, però, non è stato concepito dallo sperma di Giuseppe e dall'ovocita di Maria, ma per la potenza dello Spirito Santo. Lei rimase incinta ben prima che i due si coricassero insieme. L'Iddio onnipotente può causare che un bambino sia concepito per opera dello Spirito Santo, senza l'unione di uno spermatozoo e di un ovocita.

Gesù "prese in prestito" il corpo della vergine Maria, e, dato che fu concepito per opera dello Spirito Santo, Egli non ha ereditato le caratteristiche del peccato. Poiché Gesù non era un discendente diretto di Adamo nacque senza il peccato originale, soddisfacendo anche questo secondo requisito del Salvatore.

In terzo luogo, proprio come il redentore del suolo doveva possedere abbastanza denaro o ricchezze da poter affrancare il terreno del suo parente, il Salvatore di tutti gli uomini doveva possedere il potere necessario da sconfiggere il diavolo e salvare l'umanità.

Levitico 25:26-27 dice: *"E se uno non ha chi possa riscattarla per lui, ma giunge a procurarsi da sé la somma necessaria al riscatto, conterà le annate trascorse dalla vendita, renderà il di più al compratore, e rientrerà nella sua proprietà."* In altre parole, perché un individuo potesse riacquistare un determinato appezzamento di terra, doveva in primo luogo possedere i "mezzi necessari" che gli consentissero di farlo.

Per salvare dei prigionieri di guerra si presume che, chi intraprende quest'azione, sia abbastanza potente da sconfiggere il proprio nemico e riprendersi i suoi. Così, anche chi vuole ripagare un debito altrui deve disporre di mezzi finanziari adatti allo scopo. Allo stesso modo, per liberare il genere umano dalla tirannia del diavolo, occorre che il Salvatore possieda il potere necessario per sconfiggere Satana e salvare l'intera umanità dal nemico.

Prima del peccato era Adamo che deteneva il potere di governo su tutte le creature, ma dopo la caduta, Adamo passò sotto l'autorità del diavolo. Da questo possiamo desumere che il potere in grado di sconfiggere il diavolo consista nell'assenza di peccato.

Gesù, il Figlio di Dio, era completamente senza peccato, perché fu concepito per opera dello Spirito Santo e non poteva essere considerato, quindi, un discendente diretto di Adamo. Inoltre, perché fu l'unico ad aver rispettato tutta la legge di Dio durante il corso della sua vita, si può affermare che Gesù non fu un trasgressore della legge. Per questo motivo l'apostolo Pietro dice che Gesù *"...non commise peccato e nella sua bocca non si è trovato inganno. Oltraggiato, non rendeva gli oltraggi; soffrendo, non minacciava, ma si rimetteva a colui che giudica giustamente"* (1 Pietro 2:22-23).

Gesù aveva potere e autorità da sconfiggere il demonio e salvare l'umanità dal diavolo perché privo di qualsiasi peccato. Le innumerevoli manifestazioni di segni e prodigi ad opera di Gesù lo testimoniano. Egli guarì gli ammalati, scacciò i demoni, fece vedere i ciechi, udire i sordi e camminare gli storpi. Non solo, placò le acque tempestose e resuscitò i morti.

Il fatto che Gesù fosse senza peccato è stato definitivamente sancito al di là di ogni dubbio con la sua risurrezione. Secondo la legge del regno spirituale, i peccatori devono affrontare la morte (Romani 6:23). Essendo Lui senza peccato, però, la morte non lo poteva dominare. E, infatti, dopo aver esalato l'ultimo respiro sulla croce, il suo corpo fu sepolto nella tomba, ma il terzo giorno resuscitò!

Occorre qui ricordare che alcuni grandi padri della fede, come Enoch ed Elia, ascesero al cielo da vivi, senza passare per la morte, perché si erano interamente santificati ed avevano eliminato il peccato dalla loro vita. Gesù, il terzo giorno dopo essere stato sepolto, frantumò ogni autorità di Satana attraverso la sua risurrezione, divenendo il Salvatore di tutti gli uomini.

In quarto luogo, proprio come il redentore del suolo doveva amare il parente per cui avrebbe pagato il riscatto, il Salvatore del genere umano doveva necessariamente possedere l'amore sacrificale in modo di dare la sua vita per gli altri.

Se il Salvatore avesse soddisfatto i primi tre requisiti ma non aveva amore, non poteva diventare il salvatore di tutta l'umanità.

Supponiamo che un uomo abbia un debito di 100.000 dollari e sua sorella sia una multimilionaria. Se non ha amore, la donna non pagherà il denaro dovuto di suo fratello e la sua enorme ricchezza non significherà nulla per l'uomo in debito.

Gesù è venuto nel mondo come essere umano, non era un discendente di Adamo, aveva il potere per sconfiggere il diavolo e salvare l'umanità dal suo dominio perché in Lui non c'era peccato. Tuttavia, se non avesse avuto l'amore, Gesù non avrebbe potuto redimere l'umanità dal peccato. "Redimere il genere umano dal proprio peccato" può anche essere tradotto in "ricevere la pena di morte al posto del genere umano." Perché Gesù potesse redimere l'umanità dai suoi peccati, doveva essere crocifisso come il peggiore dei criminali, subire ogni sorta di scherno e disprezzo, fino a spargere tutta la sua acqua e morire dissanguato, Siccome l'amore di Gesù per l'umanità era così forte Egli era l'unico che potesse redimere l'uomo dai suoi peccati.

Perché Gesù è stato appeso ad una croce di legno e ha versato tutto il suo sangue fino a morire? La risposta sta in Deuteronomio 21:23, che dice: Il suo cadavere non rimarrà tutta la notte sull'albero, ma lo seppellirai senza indugio lo stesso giorno, perché il cadavere appeso è maledetto da Dio, e tu non contaminerai la terra che il SIGNORE, il tuo Dio, ti dà come eredità. Gesù fu appeso sul legno della croce per redimere tutta l'umanità dalla maledizione del peccato.

Inoltre, come in Levitico 17:11 si legge: *"Poiché la vita della carne è nel sangue. Per questo vi ho ordinato di porlo sull'altare per fare l'espiazione per le vostre persone; perché il sangue è quello che fa l'espiazione, per mezzo della vita"*, non c'è perdono dei peccati senza spargimento di sangue.

Naturalmente, in Levitico dice pure che a Dio poteva essere offerta della farina fine, al posto di sangue animale, ma questa possibilità era riservata ai meno abbienti che non potevano permettersi di acquistare degli animali da sacrificio. Non era il tipo di offerta di sangue con cui Dio si compiaceva. Gesù ci ha redenti dai nostri peccati perché è stato appeso sulla croce di legno ed è morto dissanguato su di essa.

Che amore meraviglioso ha dimostrato Gesù versando il suo sangue sulla croce e aprendo la via della salvezza anche per quelli che lo disprezzarono e lo crocifissero incuranti del bene che aveva fatto!

Sulla base della legge del riscatto del suolo, possiamo concludere che solo Gesù soddisfa le qualifiche del Salvatore in grado di redimere l'umanità dal peccato.

La strada verso la salvezza del genere umano preparata prima del tempo

Il cammino per la salvezza del genere umano è stato aperto dopo che Gesù è morto sulla croce ed è risorto il terzo, distruggendo così l'autorità della morte. L'avvento di Gesù come Messia in questo mondo per compiere la provvidenza della salvezza del genere umano, in ogni caso, era stato previsto nel momento stesso in cui Adamo aveva peccato.

In Genesi 3:15, Dio disse al serpente che aveva tentato la donna: *"Io porrò inimicizia fra te e la donna, e fra la tua progenie e la progenie di lei; questa progenie ti schiaccerà il capo e tu le ferirai il calcagno."* Qui "la donna" simboleggia spiritualmente gli eletti di Dio, Israele, e "il serpente" è il diavolo, Satana, il nemico di Dio che gli si oppone. Quando il seme della "donna" avrebbe "schiacciato la testa del serpente" il Salvatore dell'umanità sarebbe venuto tra gli Israeliti per sconfiggere il potere della morte e del diavolo, il nemico.

Se la testa del serpente è ferita, il rettile perde ogni sua forza. Allo stesso modo, quando Dio disse al serpente che "la progenie della donna" gli avrebbe schiacciato la testa, profetizzò che Cristo sarebbe nato in Israele per distruggere l'autorità del diavolo e salvare tutta l'umanità della sua malvagia autorità di peccato.

Conoscendo questo, il diavolo ha sempre cercato di sterminare la "progenie della donna" prima che potesse causare danni alla sua testa, non volendo in alcun modo perdere l'autorità che gli aveva consegnato Adamo. L'unico modo per mantenere il suo potere era è uccidere la stirpe di Israele. Il nemico, però, non sapeva da quale parte sarebbe venuto il Salvatore o chi fosse e nel corso della storia complottò e tentò di uccidere gli uomini e i profeti che amavano Dio sin dai tempi dell'Antico Testamento.

Quando nacque Mosè, il diavolo istigò il faraone a uccidere tutti i bambini maschi nati da donne israeliane (Esodo 1:15-22), e quando Gesù nacque in questo mondo, si insidiò nel cuore del re Erode lasciando che uccidesse tutti i maschi di Betlemme e dintorni sotto i due anni. Per questa ragione, Dio protesse la famiglia di Gesù aiutandoli a fuggire in Egitto.

Gesù crebbe sotto la cura dell'Eterno e iniziò il suo ministero all'età di 30 anni. Rispettando la volontà di Dio, il Signore si recò per tutta la Galilea, insegnando nelle sinagoghe, e guarendo ogni sorta di malattie e infermità, resuscitando i morti, e predicando il vangelo del regno dei cieli ai poveri.

Satana istigò sommi sacerdoti, scribi e farisei in modo che iniziassero a pianificare di uccidere Gesù, ma i demoni non potevano nemmeno toccare il Signore fino al momento che Dio aveva stabilito. Solo verso la fine dei tre anni di ministero, Dio permise loro di arrestare e crocifiggere Gesù per adempiere la provvidenza della salvezza del genere umano attraverso la crocifissione del Figlio di Dio.

Soccombendo alle pressioni degli ebrei, il governatore romano Ponzio Pilato condannò Gesù alla crocifissione e, quindi, i soldati romani, dopo averlo incoronato di spine, lo inchiodarono mani e piedi sulla croce.

La crocifissione era uno dei metodi più spietati di esecuzione di un criminale. Quando il diavolo riuscì finalmente nell'intento di uccidere Gesù in quel modo così feroce per mano di uomini altrettanto crudeli, quanto deve avere gioito! Era certo che a quel punto nessuno e niente avrebbero più ostacolato il suo regno nel mondo, di certo deve aver cantato canzoni di gioia e danzato di felicità. Ma è proprio qui che troviamo la provvidenza di Dio!

> *"...ma esponiamo la sapienza di Dio misteriosa e nascosta, che Dio aveva prima dei secoli predestinata a nostra gloria e che nessuno dei dominatori di questo mondo ha conosciuta; perché, se l'avessero conosciuta, non avrebbero crocifisso il Signore della gloria"* (1 Corinzi 2:7-8).

Poiché Dio è giusto, non esercita la sua autorità in modo totalitaristico, ignorando e infrangendo la legge, Egli compie ogni cosa in conformità con le leggi del regno spirituale, infatti, aveva già previsto quale sarebbe stato il percorso per la salvezza del genere umano prima dei secoli, secondo la legge di Dio.

Secondo la legge del regno spirituale "Il salario del peccato è la morte" (Romani 6:23), e, se un individuo non ha peccato, non ci sono ragioni per cui debba morire. Tuttavia, il diavolo orchestrò le circostanze in modo che Gesù, che era senza macchia e senza colpe, fosse crocifisso. Violando di fatto questa legge spirituale, ha dovuto pagare, restituendo l'autorità che Adamo gli aveva consegnato dopo aver peccato. In altre parole, il diavolo fu costretto ad abbandonare la sua presa su chiunque avesse accettato Gesù come proprio Salvatore e avrebbe creduto nel suo nome.

Se il nemico fosse stato cosciente dell'infinita sapienza del piano di Dio, non avrebbe di certo fatto crocifiggere Gesù, ma, non conoscendo questo segreto, lo uccise, convinto che si sarebbe assicurato la morsa sul mondo per sempre. In realtà, il demonio è caduto nella sua stessa trappola, violando la legge del regno spirituale. Quant'è meravigliosa la sapienza di Dio!

La verità è che il diavolo divenne uno strumento nelle mani di Dio per adempiere la provvidenza della salvezza del genere umano e, come profetizzato in Genesi, la sua testa è stata "ferita" dalla progenie della donna.

Attraverso la sapienza e per la provvidenza divina, Gesù, che era senza colpa, è morto per redimere tutti gli uomini dai loro peccati, ed è risorto il terzo giorno, distruggendo l'autorità del diavolo e della morte, divenendo il Re dei re e il Signore dei signori. Aprì la porta alla salvezza in modo che potessimo essere giustificati per la fede in Gesù Cristo.

In tutta la storia dell'umanità innumerevoli persone hanno ricevuto la salvezza attraverso la fede in Gesù Cristo ed ancora oggi, uomini e donne in numero crescente continuano ad accettare il Signore.

Ricevere lo Spirito Santo attraverso la fede in Gesù Cristo

Perché per ricevere la salvezza dobbiamo credere in Gesù Cristo? Al momento di accettare Gesù Cristo come nostro Salvatore, noi riceviamo lo Spirito Santo da Dio. Nel ricevere lo Spirito Santo, il nostro spirito, che era morto, torna in vita. Poiché lo Spirito Santo è la forza, il cuore di Dio, guida i figli di Dio nella verità e li aiuta a vivere secondo la volontà di Dio.

Pertanto, coloro che credono in Gesù Cristo come Salvatore, seguiranno i desideri dello Spirito Santo, sforzandosi di vivere secondo la parola di Dio. Non solo, si impegneranno a liberarsi di odio, irascibilità, gelosia, invidia, giudizio, condanna, adulterio, camminando in bontà e verità, cercando di capire, servire e amare gli altri.

Come accennato in precedenza, quando il primo uomo peccò, mangiando dell'albero della conoscenza del bene e del male, il suo spirito morì e con lui tutto il genere umano ha iniziato a percorrere la strada della distruzione. Quando riceviamo lo Spirito Santo, il nostro spirito viene riportato alla vita e, sforzandoci di soddisfare i desideri dello Spirito e camminando nella parola di Dio, diventiamo, progressivamente, uomini e donne della verità, recuperando così l'immagine perduta di Dio.

Osservando la parola della verità, la nostra fede diventa "vera fede", e i nostri peccati purificati dal sangue di Gesù, per questo riceviamo la salvezza, e, a tale proposito 1 Giovanni 1:7 dice: *"Ma se camminiamo nella luce, com'egli è nella luce, abbiamo comunione l'uno con l'altro, e il sangue di Gesù, suo Figlio, ci purifica da ogni peccato."*

Così si arriva alla salvezza mediante la fede, dopo aver ricevuto il perdono dei nostri peccati. Tuttavia, se camminiamo nel peccato, nonostante la nostra confessione di fede, ciò che abbiamo dichiarato diventa una menzogna, e quindi, il sangue del nostro Signore Gesù Cristo non può redimerci dai nostri peccati, non può Egli garantirci la salvezza.

Certo, la questione è diversa per quelli che hanno appena

ricevuto Gesù Cristo come Salvatore, anche se non camminano ancora nella verità, Dio esamina il loro cuore, sa che il processo di trasformazione è appena iniziato e li condurrà alla salvezza man mano che si sforzano di marciare verso la verità.

Gesù compie le profezie

Ogni parola di Dio sul Messia, attraverso le profezie, è stata interamente adempiuta in Gesù. Ogni aspetto della vita di Gesù, nascita, morte, crocifissione e resurrezione, è stato vissuto all'interno della provvidenza di Dio per Lui, per essere il Messia e il Salvatore di tutta l'umanità.

Gesù, nato da una vergine a Betlemme

La nascita di Gesù era stata profetizza attraverso Isaia. Nel momento scelto da Dio, la potenza dell'Altissimo discese su una donna dal cuore puro di nome Maria, a Nazareth, in Galilea. Di lì a poco la ragazza rimase incinta di un bambino.

> *"Perciò il Signore stesso vi darà un segno: Ecco, la giovane concepirà, partorirà un figlio, e lo chiamerà Emmanuele"* (Isaia 7:14).

Proprio come Dio aveva promesso al popolo d'Israele: "Non ci sarà fine alla discendenza della casa di Davide", Egli fece nascere il Messia tramite una donna di nome Maria, promessa in sposa a Giuseppe, un discendente di Davide. In quanto postero di Adamo, Giuseppe portava in sé il peccato originale e non poteva redimere l'uomo dal peccato, ma Dio adempì la profezia attraverso Maria, una vergine, che diede alla luce Gesù, prima che lei e Giuseppe fossero sposati.

> *"Ma da te, o Betlemme, Efrata, piccola per essere tra le migliaia di Giuda, da te mi uscirà colui che sarà dominatore in Israele, le cui origini risalgono ai tempi antichi, ai giorni eterni"* (Michea 5:1).

La Bibbia profetizzò che Gesù sarebbe nato a Betlemme. Infatti, Gesù nacque a Betlemme di Giudea, al tempo del re Erode (Matteo 2:1), e la storia testimonia questo evento.

Quando Gesù nacque, il re Erode, temendo il suo regno fosse minacciato, cercò di uccidere Gesù, ma, non riuscendo a trovare il neonato, uccise tutti i bambini di età inferiore ai due anni di Betlemme e dintorni. In tutta la regione vi fu grande pianto e grande sofferenza a causa di questo.

Ma, se Gesù non era venuto in questo mondo come re della Giudea intesa in senso fisico e geografico, perché Erode eseguì una carneficina così terribile arrivando addirittura a massacrare tutti i bambini della regione per ucciderne uno solo? Questa tragedia non originò nella mente di Erode ma fu opera del diavolo, un macabro tentativo del nemico di uccidere il Messia per paura di perdere il suo regno nel mondo. Satana utilizzò la paura del re Erode di non avere più la corona, spingendolo a commettere una tale atrocità.

Gesù testimonia dell'Iddio vivente

Prima di iniziare il suo ministero, durante i suoi 39 anni di vita, Gesù mantenne la Legge di Mosè per intero. Quando divenne abbastanza grande da diventare sacerdote, iniziò il suo ministero come Messia, nel modo in cui era stato concepito prima dei secoli.

> *"Lo spirito del Signore, di DIO, è su di me, perché il SIGNORE mi ha unto per recare una buona notizia agli umili; mi ha inviato per fasciare quelli che hanno il cuore spezzato, per proclamare la libertà a quelli che sono schiavi, l'apertura del carcere ai prigionieri, per proclamare l'anno di grazia del SIGNORE, il giorno di vendetta del nostro Dio; per consolare tutti quelli che sono afflitti; per mettere, per dare agli afflitti di Sion un diadema invece di cenere, olio di gioia invece di dolore, il mantello di lode invece di uno spirito abbattuto, affinché siano chiamati querce di giustizia, la piantagione del SIGNORE per mostrare la sua gloria"* (Isaia 61:1-3).

Come nel passaggio appena citato, Gesù è venuto per risolvere tutti i problemi dell'esistenza umana attraverso la potenza di Dio, Egli è Colui che conforta i cuori rotti. Quando arrivò il tempo che Dio aveva scelto, Gesù si recò a Gerusalemme per soffrire la Passione.

> *"Esulta grandemente, o figlia di Sion, manda grida di gioia, o figlia di Gerusalemme; ecco, il tuo re viene a te; egli è giusto e vittorioso, umile, in groppa a un asino, sopra un puledro, il piccolo dell'asina"* (Zaccaria 9:9).

Come profetizzato da Zaccaria, Gesù entrò in Gerusalemme cavalcando un puledro d'asina. La folla gridava: *"Osanna al Figlio di Davide, Benedetto colui che viene nel nome del Signore, Osanna nel più alto dei cieli"* (Matteo 21:9). L'emozione era forte in tutta la città, la gente gioiva perché Gesù aveva manifestato segni e prodigi incredibili come camminare sulle acque o resuscitare i morti. Molto presto, però, questa stessa moltitudine lo avrebbe tradito e crocifisso.

Vedendo il gran numero di persone che seguiva Gesù, per ascoltare le sue parole di autorità e testimoniare con i propri occhi la manifestazione diretta della potenza di Dio, i sacerdoti, i farisei e gli scribi, percepirono chiaramente che la loro posizione sociale era fortemente minacciata. A motivo di questo odio profondo, iniziarono a pianificare un modo per ucciderlo. Produssero quindi ogni sorta di prove false contro Gesù, accusandolo di ingannare e incitare la gente, quando invece il Signore aveva manifestato opere meravigliose altrimenti impossibili senza la potenza di Dio. Questo fatto da solo dimostrava che Dio in persona era con Lui, ciononostante, essi non esitarono e perseguirono nel loro intento di sbarazzarsi di Gesù ad ogni costo.

Alla fine, uno dei discepoli tradì Gesù in cambio di 30 denari, il prezzo pagato dai farisei per poterlo arrestare. Anche la profezia di Zaccaria sulle trenta monete d'argento quindi, si compì: *"Ed essi mi pesarono il mio salario: trenta sicli d'argento... Io presi i trenta sicli d'argento e li gettai nella casa del SIGNORE per il vasaio"* (Zaccaria 11:12-13).

Più tardi l'uomo che tradì Gesù per trenta denari, non superando il tremendo senso di colpa, riportò le monete d'argento al tempio, ed i sacerdoti spesero quel denaro per l'acquisto di terreni appartenenti ad un "vasaio" (Matteo 27:3-10).

La Passione e la Morte di Gesù

Anche Isaia profetizzò che Gesù avrebbe sofferto molto. Il Signore, infatti, patì la passione, al fine di salvare tutti gli uomini. Gesù è venuto nel mondo a compiere la provvidenza divina per riscattare il suo popolo dal peccato, è stato appeso ad una rozza croce di legno, il simbolo della maledizione, dove morì, immolandosi davanti a Dio come sacrificio di espiazione per tutta l'umanità.

> *"Tuttavia erano le nostre malattie che egli portava, erano i nostri dolori quelli di cui si era caricato; ma noi lo ritenevamo colpito, percosso da Dio e umiliato! Egli è stato trafitto a causa delle nostre trasgressioni, stroncato a causa delle nostre iniquità; il castigo, per cui abbiamo pace, è caduto su di lui e mediante le*

sue lividure noi siamo stati guariti. Noi tutti eravamo smarriti come pecore, ognuno di noi seguiva la propria via; ma il SIGNORE ha fatto ricadere su di lui l'iniquità di noi tutti. Maltrattato, si lasciò umiliare e non aprì la bocca. Come l'agnello condotto al mattatoio, come la pecora muta davanti a chi la tosa, egli non aprì la bocca. Dopo l'arresto e la condanna fu tolto di mezzo; e tra quelli della sua generazione chi rifletté che egli era strappato dalla terra dei viventi e colpito a causa dei peccati del mio popolo? Gli avevano assegnato la sepoltura fra gli empi, ma nella sua morte, egli è stato con il ricco, perché non aveva commesso violenze né c'era stato inganno nella sua bocca. Ma il SIGNORE ha voluto stroncarlo con i patimenti. Dopo aver dato la sua vita in sacrificio per il peccato, egli vedrà una discendenza, prolungherà i suoi giorni, e l'opera del SIGNORE prospererà nelle sue mani" (Isaia 53:4-10).

Ai tempi dell'Antico Testamento, ogni volta che un individuo peccava, doveva offrire un sacrificio a Dio, con del sangue animale. Gesù, ha versato tutto il suo sangue, che era purissimo, perché oltre a non avere il peccato originale in sé, non aveva mai trasgredito la legge con le sue azioni. Egli fu offerto come unico sacrificio per l'intera somma dei peccati commessi dall'umanità, una volta per tutte, in modo che ogni essere umano potesse ricevere il perdono e godere della vita eterna (Ebrei 10:11-12).

Ecco come Dio ha aperto la strada per la nostra salvezza! Per la fede in Gesù Cristo noi, oggi, non abbiamo più bisogno di sacrificare il sangue di animali.

Quando Gesù spirò sulla croce, la cortina del tempio si squarciò in due, da cima a fondo (Matteo 27:51). La cortina del tempio era una grande tenda che separava il Luogo Santissimo dal Luogo Santo. La gente comune poteva entrare nel Luogo Santo, ma solo al sommo sacerdote era concesso entrare nel Luogo Santissimo, una volta all'anno.

Il fatto che "la cortina del tempio si squarciò in due da cima a fondo" è il chiaro simbolo che quando Gesù si sacrificò come vittima di espiazione, Egli ha distrutto il muro del peccato che si interponeva tra noi e Dio. Ai tempi del Vecchio Testamento, i sacerdoti offrivano sacrifici a Dio per la redenzione del popolo di Israele, per i suoi peccati e intercedevano presso Dio per loro. Ora che il muro del peccato che ci separava da Dio è stato distrutto, siamo in grado di comunicare con Lui direttamente. In altre parole, chi crede in Gesù Cristo può entrare nel Luogo Santissimo, adorare e pregare Dio direttamente.

> *"Perciò io gli darò in premio le moltitudini, egli dividerà il bottino con i molti, perché ha dato se stesso alla morte ed è stato contato fra i malfattori; perché egli ha portato i peccati di molti e ha interceduto per i colpevoli"* (Isaia 53:12).

Esattamente come Isaia aveva profetizzato, il Messia patì la passione e fu crocifisso, morendo sulla croce per i peccati di tutti gli uomini, come un criminale. Anche mentre stava morendo sulla croce, Egli chiese a Dio di perdonare coloro che lo stavano crocifiggendo.

"Padre, perdona loro perché non sanno quello che fanno." (Luca 23:34).

Nel morire sulla croce, Gesù adempì anche la profezia del salmista che disse: "Egli preserva tutte le sue ossa; non se ne spezza neanche uno" (Salmo 34:20). Infatti, in Giovanni 19:32-33 leggiamo: *"I soldati dunque vennero e spezzarono le gambe al primo, e poi anche all'altro che era crocifisso con lui; ma giunti a Gesù, lo videro già morto, e non gli spezzarono le gambe."*

Gesù ha portato su di sé tutti i peccati di ogni uomo, sulla croce, morendo per ognuno di noi, come offerta di espiazione. Tuttavia, il compimento della provvidenza della salvezza non termina con la morte di Gesù.

Come profetizzato nel Salmo 16:10: *"…poiché tu non abbandonerai l'anima mia in potere della morte, né permetterai che il tuo santo subisca la decomposizione"*, e nel Salmo 118:17: *"Io non morirò, anzi vivrò, e racconterò le opere del SIGNORE"*, il corpo di Gesù non si decompone e Lui risorse il terzo giorno.

E ancora, nel Salmo 68:18 il salmista profetizza: *"Tu sei salito in alto, portando prigionieri, hai ricevuto doni dagli uomini, anche dai ribelli, per far qui la tua dimora, o SIGNORE, Dio"*, Gesù è asceso al cielo da dove attende gli ultimi giorni in cui Egli completerà la coltivazione del genere umano e condurrà il suo popolo in cielo.

E' facilmente riscontrabile che tutte le profezie relative al Messia si sono completamente adempiute in Gesù Cristo.

Morte di Gesù e Profezie su Israele

Il popolo eletto di Dio, Israele, non ha riconosciuto Gesù come il Messia, ciononostante, Dio non l'ha abbandonato e oggi sta concretizzando la sua provvidenza per la loro salvezza.

Dio profetizzò più volte il futuro di Israele, anche attraverso la crocifissione di Gesù, questo a causa del suo amore sincero per loro, e, anche motivo del loro autentico desiderio di credere nel Messia che Dio ha mandato e raggiungere la salvezza.

La crocifissione di Gesù, il motivo per la sofferenza di Israele

Anche se fu il governatore romano Ponzio Pilato a giustiziare Gesù, furono gli ebrei a persuaderlo, quasi costringendolo a prendere questa decisione. Pilato era consapevole del fatto che non vi era alcuna ragione per cui uccidere Gesù, ma dietro la pressione della folla che gridava di crocifiggerlo, Pilato acconsentì per timore di una sommossa.

Dopo aver annunciato la sua decisione di crocifiggere Gesù, Pilato prese dell'acqua e si lavò le mani davanti alla folla, dicendo loro: "Io sono innocente del sangue di questo giusto; pensateci voi" (Matteo 27:24). In risposta, i Giudei gridarono: "Che il suo sangue ricada su noi e sui nostri figli" (Matteo 27:25).

Nel 70 DC, Gerusalemme cadde sotto il generale romano Tito. Il tempio fu distrutto e i superstiti furono costretti a lasciare la loro patria, iniziando così a disperdersi per il mondo, una diaspora durata circa 2.000 anni. Durante questo periodo di esodo, gli ebrei hanno subito un tormento che non può essere adeguatamente descritto con le parole.

Quando Gerusalemme cadde, circa 1 milione di ebrei fu trucidato. A distanza di centinaia di anni, durante la seconda guerra mondiale, si calcola che 6 milioni di ebrei furono massacrati per mano dei nazisti. La procedura di eliminazione dei nazisti includeva che gli ebrei fossero denudati, e questo, mi ricorda che Gesù fu crocifisso nudo.

Naturalmente, gli israeliti, dal loro punto di vista, non si sognano nemmeno di sostenere che le sofferenze subite in centinaia di anni non sono altro che il risultato dell'aver crocifisso Gesù. Studiando la storia di Israele, tuttavia, è facile notare che questo popolo è stato protetto dall'Altissimo ed ha prosperato ogni qual volta ha rispettato la volontà di Dio. Quando si allontanavano da Lui, gli Israeliti venivano disciplinati, sottoposti a prove e sofferenze.

Ora sappiamo che l'afflizione di Israele non è stata senza causa. Ma, se la crocifissione di Gesù era parte del piano di Dio, perché lasciare che Israele soffrisse prostrazioni incessanti e tristezze durissime nel corso dei secoli?

La tunica di Gesù, il suo mantello e il futuro di Israele

Sotto la croce di Gesù ha avuto luogo un altro episodio che preannunciava cosa stava per accadere a Israele. Come leggiamo nel Salmo 22:18: *"...spartiscono fra loro le mie vesti e tirano a sorte la mia tunica"*, i soldati romani presero il mantello di Gesù e ne fecero quattro parti, una parte per ogni soldato, mentre, la tunica, se la giocarono a sorte.

Ma in che modo questo evento ha a che fare con il futuro di Israele? Gesù è il Re dei Giudei, e il suo mantello, spiritualmente, simboleggia gli eletti, il popolo di Dio. Il fatto che fu diviso in quattro parti, perdendo completamente la sua forma originale, ha anticipato la distruzione dello Stato di Israele. La tunica rimasta intatta, preannunciava che, quando anche lo Stato di Israele fosse scomparso, il nome "Israele" sarebbe rimasto.

Qual è il significato del fatto che i soldati romani presero il mantello di Gesù e lo fecero in quattro, una parte per ogni soldato? Che il popolo di Israele sarebbe stato distrutto per mano di Roma e si sarebbe disperso tra le nazioni, profezia compiuta con la caduta di Gerusalemme e la distruzione dello Stato di Israele, evento che costrinse gli ebrei a fuggire in diverse parti del mondo.

Riguardo alla tunica di Gesù, Giovanni 19:23 dice: *"Ora la tunica era senza cuciture, tessuta tutta d'un pezzo."* Questo capo di abbigliamento era prezioso perché composto di un'unica parte, vale a dire tessuto senza cuciture.

La maggior parte delle persone non reputa di peculiare importanza sapere quale sia la fattura dei propri vestiti o il modo in cui siano stati tessuti. Perché, allora, la Bibbia ci fa conoscere in dettaglio la caratteristica riguardante la struttura della tunica di Gesù? Perché questo particolare racchiude una profezia importante a proposito di eventi che riguardano Israele.

La tunica di Gesù simboleggia il cuore del popolo di Israele, il cuore con cui avrebbe dovuto servire il Signore. Il fatto che la tunica fosse senza cuciture, tessuta tutta d'un pezzo, indica che il cuore di Israele verso Dio è rimasto uguale, dai giorni del loro antenato Giacobbe.

Dopo Abramo, Isacco e Giacobbe, attraverso le dodici tribù, il popolo di Israele formò una nazione saldamente legata alla propria purezza, intesa in senso di nazionalità, senza mescolarsi con altri popoli. Dopo la scissione di Israele in regno del Nord e regno di Giuda, gli abitanti del regno settentrionale iniziarono a contrarre matrimoni misti, mentre Giuda è rimasta una nazione omogenea. Ancora oggi, gli ebrei mantengono questa identità che risale ai tempi dei padri della fede.

Pertanto, anche se il mantello esterno di Gesù è stato strappato in quattro pezzi, la sua tunica è rimasta intatta. Questo significa che, mentre lo stato di Israele può scomparire, il cuore del popolo di Israele verso Dio e verso la loro fede in Lui non potrà mai dissolversi.

Proprio a motivo di questo sentimento costante, Dio li ha scelti come suoi eletti e per loro mezzo Egli ha realizzato il suo piano e la sua volontà fino ad oggi. Anche dopo millenni, il popolo di Israele rispetta ancora la legge. Ciò è dovuto al fatto che hanno ereditato il cuore immutabile di Giacobbe.

Come risultato di quanto appena analizzato, quasi 1.900 anni dopo aver perso il proprio paese, gli ebrei hanno sciuccato il mondo, dichiarando la propria indipendenza e la ricostruzione dello Stato di Israele il 14 maggio 1948.

"Poiché io vi prenderò dalle genti, vi radunerò da tutte le terre e vi condurrò sul vostro suolo" (Ezechiele 36:24).

"Potrai vivere nella terra che ho dato ai vostri padri, così voi sarete il mio popolo e io sarò il vostro Dio" (Ezechiele 36:28).

Come profetizzato in Ezechiele 38:8: *"Dopo molti giorni tu riceverai l'ordine; negli ultimi anni verrai contro il paese sottratto alla spada, contro la nazione raccolta in mezzo a molti popoli, sui monti d'Israele, che sono stati per tanto tempo deserti; ma, fatta uscire dai popoli, essa abiterà tutta quanta al sicuro"*, il popolo di Israele ha iniziato a ripopolare la Palestina ripristinando la nazione di Israele. Inoltre, essendo oggi divenuto uno dei paesi più potenti del globo, Israele ha riaffermato di fronte al mondo intero la propria superiorità come popolo.

Dio desidera che Israele prepari il ritorno di Gesù

Dio anela che questo novello Stato di Israele anticipi e prepari il ritorno del Messia. Gesù è venuto in terra di Israele circa 2.000 anni fa, ha compiuto tutto ciò che andava fatto per la salvezza dell'umanità, confermando di essere il Salvatore, il Messia. Nel salire al cielo, ha promesso di tornare e ora Dio vuole che i suoi eletti attendano il ritorno del Messia con vera fede.

Quando il Messia, Gesù Cristo, tornerà, non sarà per nascere in una stalla malandata o patire la sofferenza della croce come due millenni fa. Egli tornerà in questo mondo come Re dei re e Signore dei signori, apparirà nel cielo circondato dalla Gloria di Dio, al comando dell'esercito degli angeli e il mondo intero lo vedrà!

> *"Ecco, egli viene con le nuvole e ogni occhio lo vedrà; lo vedranno anche quelli che lo trafissero, e tutte le tribù della terra faranno lamenti per lui. Sì, amen"* (Apocalisse 1:7).

Quando il tempo giungerà, tutti, credenti e non credenti vedranno il ritorno del Signore nell'aria. In quel giorno, tutti coloro che credono in Gesù il Salvatore saranno presi nelle nuvole per partecipare al banchetto di nozze nell'aria, gli altri, invece, saranno lasciati nel pianto.

Dio ha dato origine alla coltivazione del genere umano, creando il primo uomo, Adamo, allo stesso modo, Egli ne chiamerà sicuramente la fine. Proprio come un contadino che semina e raccoglie il frutto del suo raccolto, ci sarà un momento di raccolta anche nella coltivazione del genere umano, e questo avverrà con il secondo avvento di Gesù Cristo, il Messia.

Gesù ci dice in Apocalisse 22:7: *"Ecco, io sto per venire. Beato chi custodisce le parole della profezia di questo libro."*

Noi stiamo vivendo negli ultimi giorni. Nel suo amore smisurato per Israele, Dio continua a illuminare il suo popolo in modo che accettino il Messia. Dio desidera ardentemente che, non solo Israele, ma tutto il genere umano riceva Gesù Cristo prima della fine della coltivazione del genere umano.

La Bibbia ebraica, nota ai cristiani come l'Antico Testamento

Capitolo 3
L'Iddio in cui Israele crede

La legge e la tradizione

Mentre Dio stava conducendo Israele fuori dall'Egitto nella terra di Canaan, scese sulla vetta del monte Sinai e chiamò Mosè, il leader dell'esodo, dandogli disposizioni sui sacerdoti e sulla consacrazione da perseguire ogni qual volta si avvicinavano al Creatore. Dopodiché, sempre tramite Mosè, Dio diede al popolo i Dieci Comandamenti e molte altre leggi.

"Mosè andò a riferire al popolo tutte le parole del SIGNORE e tutte le leggi; e tutto il popolo rispose a una voce e disse: 'Noi faremo tutte le cose che il SIGNORE ha dette'" (Esodo 24:3). Ma, mentre Mosè era ancora sul monte Sinai, il popolo, avallato da Aronne, si fece un idolo a forma di vitello, commettendo un grande peccato d'idolatria.

Come è possibile che proprio il popolo di Dio abbia peccato così tremendamente? Tutti gli uomini, a cominciare dal primo che ha disobbedito, peccando, sono discendenti di Adamo, e la natura con cui nascono è peccaminosa. Ogni essere umano, in pratica, è costretto al peccato e, l'unica soluzione, è la santificazione attraverso la circoncisione del cuore. Questo è il motivo per cui Dio ha mandato Gesù, il suo unico Figlio, che, attraverso la sua crocifissione, ha aperto la porta del perdono dal peccato per tutta l'umanità.

Il complesso delle ordinanze, dei decreti e i dieci comandamenti che Dio ha dato al popolo per mezzo di Mosè, sono noti come "la legge." Ma per quale motivo Dio ha dato al popolo la legge?

Attraverso la Legge Dio conduce il popolo nella terra dove scorrono latte e miele

La ragione, lo scopo per il quale Dio ha dato al popolo di Israele la legge, era per benedirlo, per introdurlo nella terra di Canaan dove scorrevano latte e miele. Purtroppo, però, malgrado avessero ricevuto la legge direttamente da Mosè, gli israeliti non mantennero l'alleanza con Dio e commisero peccati su peccati, tra cui anche idolatria e adulterio. Alla fine, la maggior parte di loro morì nelle proprie trasgressioni nel corso dei quarant'anni di vita nel deserto.

Il Deuteronomio non è altro che la trascrizione delle ultime parole di Mosè, un approfondimento di tutte le leggi, dell'alleanza di Dio con il popolo. Dopo aver visto la prima generazione di ebrei morire nel deserto, eccezion fatta per Giosuè e Caleb, quando arrivò il momento di lasciare Israele, Mosè sollecitò bramosamente la seconda e la terza generazione ad amare Dio e ad osservare tutti i suoi comandamenti.

> *"E ora, Israele, che cosa chiede da te il SIGNORE, il tuo Dio, se non che tu tema il SIGNORE, il tuo Dio, che tu cammini in tutte le sue vie, che tu lo ami e serva il SIGNORE, il tuo Dio, con tutto il tuo cuore e con tutta l'anima tua, che tu osservi per il tuo bene i comandamenti del SIGNORE e le sue leggi che oggi ti do?"* (Deuteronomio 10:12-13)

Dio ha dato loro la legge perché desiderava che gli ubbidissero volentieri dal cuore, per confermare, attraverso l'obbedienza, il loro amore per Lui, e non per negare loro dei diritti o per limitarli. Egli desiderava ricevere il cuore obbediente del popolo, e. in cambio, avrebbe elargito loro ogni sorta di benedizione.

> *"Questi comandamenti, che oggi ti do, ti staranno nel cuore; li inculcherai ai tuoi figli, ne parlerai quando te ne starai seduto in casa tua, quando sarai per via, quando ti coricherai e quando ti alzerai. Te li legherai alla mano come un segno, te li metterai sulla fronte in mezzo agli occhi e li scriverai sugli stipiti della tua casa e sulle porte della tua città"* (Deuteronomio 6:6-9).

In questi versi Dio stava insegnando al popolo come portare le legge nel cuore, in che modo insegnarla e praticarla. Attraverso i secoli, i comandi e le ordinanze di Dio, registrati nel pentateuco di Mosè, sono stati memorizzati e conservati, sebbene, purtroppo, il focus dell'osservazione della legge sia sempre stato posto sull'aspetto esteriore.

La legge e la tradizione degli Anziani

Ad esempio, prendiamo la legge che comandava di osservare il sabato in quanto giorno santo. Con il passare del tempo, gli anziani hanno elaborato una serie di tradizioni dettagliate per il rispetto di questo comandamento che si sono evolute fino al divieto di utilizzare porte automatiche, ascensori e scale mobili, di aprire lettere d'affari, passaporti, qualsiasi posta che si riceve in quel giorno, e altre cose assurde così. Ma com'è possibile che la tradizione degli anziani abbia condotto a tanto?

Quando il Tempio di Dio è stato distrutto e il popolo d'Israele è stato portato in cattività dall'impero babilonese, gli israeliti iniziarono a pensare che fosse il risultato di non aver servito Dio con tutto il cuore. Avevano bisogno di servire Dio più correttamente, per questo svilupparono, con il passare del tempo, una serie di normative molto severe che consentissero l'applicazione della legge anche in situazioni mutevoli.

Tali regolamenti sono stati stabiliti al fine di servire Dio con tutto il cuore. In altre parole, hanno creato norme dettagliate e molto severe, riguardo ogni aspetto della vita, in modo da osservare perfettamente la legge nella loro quotidianità.

Certo, a volte queste regole severe hanno realmente tutelato l'osservazione della legge, ma, con il passare del tempo, hanno via via perso il vero significato contenuto nelle regole e rilegato un'importanza sempre maggiore all'espressione esteriore. In questo modo si è arrivati a deformare il vero significato della legge.

Dio, che conosce il cuore di ognuno, accetta chi rispetta la legge nel proprio animo, piuttosto che chi pone l'attenzione verso la manifestazione apparente dell'osservazione della legge. Egli, infatti, ha istituito la legge per cercarsi degli individui che desideravano onorarlo sinceramente per poi elargire benedizioni su quelli che gli obbedivano. Molti di quelli di cui leggiamo nell'Antico Testamento osservavano la legge, ma, allo stesso tempo, tanti loro contemporanei, la infrangevano.

> *"'Ci fosse almeno qualcuno di voi che chiudesse le porte! Così non accendereste invano il fuoco sul mio altare! Io non prendo alcun piacere in voi', dice il SIGNORE degli eserciti, 'e non gradisco le offerte delle vostre mani'"* (Malachia 1:10).

Le accuse e le condanne che i dottori della legge e gli anziani avanzarono contro Gesù e i suoi discepoli, non erano relative a trasgressioni della legge messe in atto dal Signore, ma riguardavano violazioni delle tradizioni degli anziani! E' tutto ben descritto in Matteo 15:2:

> *"Perché i tuoi discepoli trasgrediscono la tradizione degli antichi? Poiché non si lavano le mani quando prendono cibo."*

Gesù rispose, illuminando i suoi delatori, dicendo loro che non era il comandamento di Dio ad essere stato infranto, ma la tradizione degli anziani. Naturalmente, è importante che la legge sia osservata, e questo sarà visibile anche all'esterno, ma è molto più importante comprendere le reali intenzioni di Dio inglobate nella legge.

E Gesù, rispondendo, disse loro:

> *"Ma egli rispose loro: «E voi, perché trasgredite il comandamento di Dio a motivo della vostra tradizione? Dio, infatti, ha detto: 'Onora tuo padre e tua madre'; e: 'Chi maledice padre o madre sia punito con la morte.' Voi, invece, dite: 'Se uno dice a suo padre o a sua madre: 'Quello con cui potrei assisterti è dato in offerta a Dio', egli non è più obbligato a onorare suo padre o sua madre.' Così avete annullato la parola di Dio a motivo della vostra tradizione"* (Matteo 15:3-6).

E poi, nei versetti successivi, Gesù dice anche:

> *Ipocriti! Ben profetizzò Isaia di voi quando disse:*

"Questo popolo mi onora con le labbra, ma il loro cuore è lontano da me. Invano mi rendono il loro culto, insegnando dottrine che sono precetti d'uomini" (Matteo 15:7-9).

Dopo di che Gesù chiamò la folla, dicendo loro:

"Ascoltate e intendete: non quello che entra nella bocca contamina l'uomo; ma è quello che esce dalla bocca, che contamina l'uomo!" (Matteo 15:10-11)

I figli di Dio dovrebbe onorare i loro genitori, come scritto nei Dieci Comandamenti. Ma i farisei, ad esempio, insegnarono al popolo che i figli potevano essere esentati da onorare i propri genitori con le loro proprietà se dichiaravano che questi beni sarebbero "stati offerti al Signore." Sancirono talmente tanti dettagli e regolamentazioni su ogni aspetto della vita che i pagani non avevano nemmeno il coraggio di avvicinarsi a questa fede, temendo di non essere in grado di osservare rigorosamente tutte le tradizioni degli anziani, eppure i leader religiosi del tempo erano convinti che stessero svolgendo al meglio il loro ruolo di popolo eletto di Dio.

Il Dio in cui crede in Israele

Quando il Maestro guariva i malati in giorno di sabato, i farisei lo condannavano per aver infranto il sabato. Un giorno il Signore entrò in una sinagoga e vide un uomo con una mano atrofica che stava in piedi davanti ai farisei. Gesù ì nell'intento di risvegliarli dal loro torpore, chiese loro:

"È permesso, in un giorno di sabato, fare del bene o fare del male? Salvare una persona o ucciderla?" (Marco 3:4)

"Chi è colui tra di voi che, avendo una pecora, se questa cade in giorno di sabato in una fossa, non la prenda e la tiri fuori? Certo un uomo vale molto più di una pecora! È dunque lecito far del bene in giorno di sabato" (Matteo 12:11-12).

Poiché ai farisei era stata precedentemente inculcata la legge sotto forma di tradizione degli anziani, costituita da pensieri egocentrici e stile di vita egoistico, non solo non si resero conto di quale fosse la reale volontà di Dio nel dar loro la legge, ma omisero anche di riconoscere Gesù come Salvatore.

Gesù ha interloquito con loro molto spesso, invitandoli a convertirsi e ad abbandonare le loro malefatte. Non solo, li rimproverava frequentemente, sia per aver trascurato la vera ragione per cui l'Eterno aveva dato loro la legge, che per averla trasformata in una serie di regole ad unico uso esteriore.

"Guai a voi, scribi e farisei ipocriti, perché pagate

la decima della menta, dell'aneto e del comino, e trascurate le cose più importanti della legge: il giudizio, la misericordia, e la fede. Queste sono le cose che bisognava fare, senza tralasciare le altre" (Matteo 23:23).

"Guai a voi, scribi e farisei ipocriti, perché pulite l'esterno del bicchiere e del piatto, mentre dentro sono pieni di rapina e d'intemperanza" (Matteo 23:25).

Il popolo di Israele, che viveva sotto il controllo dell'Impero Romano, immaginava e discuteva di questo Messia che sarebbe venuto per liberarli con grande potenza dalle mani degli oppressori e per governare con loro sopra tutte le nazioni.

Nel frattempo, nasceva un uomo, figlio di un falegname che si circondava di amici come gli emarginati, i malati, i peccatori, che chiamava Dio "suo Padre" e dichiarava di essere la Luce del mondo. Quando Gesù rimproverò i leader religiosi del tempo dei loro peccati, coloro che avevano mantenuto la legge in applicazione alle proprie regolamentazioni e si dichiaravano giusti, si sentirono così tanto chiamati in causa ed offesi dalle sue parole che lo crocifissero senza ragione.

Dio desidera che in noi ci siano l'amore e il perdono

I farisei osservavano rigorosamente queste norme autoimposte e si vantavano di anni e anni di giudaismo vissuto secondo strettissimi costumi e tradizioni, che per essi costituivano un bene preziosissimo come la loro vita stessa. Trattavano gli esattori delle tasse, alle strette dipendenze dell'Impero Romano, ad esempio, come dei peccatori e li evitavano.

Matteo 9:10 racconta di Gesù che si trovava a tavola presso la casa di un esattore delle tasse, Matteo appunto, e che molti pubblicani e peccatori condividevano il pranzo con Lui e i suoi discepoli. Nel sentire ciò, i farisei dissero ai discepoli del Signore: "Perché il vostro maestro mangia con i pubblicani e con i peccatori?" Gesù, nell'ascoltarli condannare i suoi discepoli, spiegò loro quale fosse il cuore di Dio che dona grazia e misericordia a tutti quelli che si pentono sinceramente dei propri peccati e si ravvedono dalle proprie vie scellerate.

Matteo 9:12-13 continua così, *"Ma Gesù, avendoli uditi, disse: Non sono i sani che hanno bisogno del medico, ma i malati. Ora andate e imparate che cosa signifwnifichi: 'Voglio misericordia e non sacrificio'; poiché io non sono venuto a chiamare dei giusti, ma dei peccatori."*

Quando la malvagità del popolo di Ninive aveva raggiunto il cielo, Dio stava per distruggere la metropoli ma, prima di farlo, mandò il suo profeta, Giona, per consentire agli abitanti di pentirsi dai propri peccati. La gente digiunò e si pentì sinceramente delle proprie trasgressioni, motivo per cui Dio non li distrusse. Tuttavia, i farisei persistevano nel pensare che per chi infrange la legge non vi è altra scelta se non quella di affrontare il giudizio. Le porzioni più importanti della legge sono: l'inesauribile amore e l'immenso perdono di Dio. Purtroppo i farisei erano convinti che giudicare qualcuno fosse più giusto di perdonarlo con amore.

Allo stesso modo, quando non comprendiamo il cuore di Dio che ci ha dato la legge, siamo costretti a giudicare ogni cosa con i nostri pensieri e le nostre teorie, omettendo di afferrare che le nostre sentenze sono sbagliate e vanno contro Dio.

Il vero proposito per cui Dio ha istituito la legge

Dio creò il cielo e la terra e poi ha fatto l'uomo per allevarsi dei veri figli simili a Lui. Per questa ragione Dio ha detto al suo popolo *"...siate santi, perché io sono santo"* (Levitico 11:44). Egli ci chiede di temerlo e di liberarci della malvagità del nostro cuore.

Al tempo di Gesù, l'interesse maggiore dei farisei e degli scribi era riservato alle offerte e al mantenimento della legge che fosse esterno e visibile, piuttosto che nel santificare il proprio cuore. Dio, però, si compiace di un cuore affranto e umiliato, piuttosto che del sacrificio (Salmo 51:16-17), ecco perché attraverso la legge ci ha donato il diritto di pentirci dai nostri peccati e di ravvederci.

La reale volontà di Dio nascosta nella legge del Vecchio Testamento

Non che il popolo di Israele non amasse Dio nell'osservazione della legge attraverso questa serie di regole e norme, non tutti per lo meno. Quello che Dio voleva compiere attraverso la legge, però, era la santificazione del cuore. Per questo rimproverò gravemente il popolo attraverso il profeta Isaia.

> *"Che m'importa dei vostri numerosi sacrifici?",
> dice il SIGNORE; «io sono sazio degli olocausti di
> montoni e del grasso di bestie ingrassate; il sangue
> dei tori, degli agnelli e dei capri, io non lo gradisco.
> Quando venite a presentarvi davanti a me, chi vi
> ha chiesto di contaminare i miei cortili? Smettete
> di portare offerte inutili; l'incenso io lo detesto; e
> quanto ai noviluni, ai sabati, al convocare riunioni, io
> non posso sopportare l'iniquità unita all'assemblea
> solenne* (Isaia 1:11-13).

Il vero significato del rispetto della legge non consiste in azioni visibili dall'esterno, ma nella disponibilità del cuore. Ecco perché Dio non si compiace nei sacrifici offerti solo a motivo di un'azione abituale e superficiale. Non importa quanti sacrifici siano stati offerti secondo la legge, Dio non ne ha gioito se il cuore di chi li ha presentati non era in conformità con la sua volontà.

Lo stesso vale con le nostre preghiere. Non è l'azione del pregare in sé così importante, ma l'atteggiamento del cuore con cui rivolgiamo la preghiera. Il salmista dice nel Salmo 66:18: *"Se nel mio cuore avessi tramato il male, il Signore non m'avrebbe ascoltato."*

Attraverso Gesù, Dio ci fa sapere che Egli non gioisce di una preghiera ipocrita o scenografica, ma solo di orazioni sincere dal profondo cuore.

> *"Quando pregate, non siate come gli ipocriti; poiché essi amano pregare stando in piedi nelle sinagoghe e agli angoli delle piazze per essere visti dagli uomini. Io vi dico in verità che questo è il premio che ne hanno. Ma tu, quando preghi, entra nella tua cameretta e, chiusa la porta, rivolgi la preghiera al Padre tuo che è nel segreto; e il Padre tuo, che vede nel segreto, te ne darà la ricompensa"* (Matteo 6:5-6).

Lo stesso accade quando ci ravvediamo dei nostri peccati. Dio non vuole che per pentirci laceriamo i nostri vestiti o piangiamo cospargendoci la testa di cenere, ma che a squarciarsi sia il nostro cuore, che il pentimento sia realmente sentito nell'animo. L'azione che accompagna il pentimento non è importante, ma che ci pentiamo sinceramente e non pecchiamo più, questo è fondamentale per Dio, ed è quanto occorre perché Lui accetti il pentimento.

> *"'Nondimeno, anche adesso', dice il SIGNORE, 'tornate a me con tutto il vostro cuore, con digiuni, con pianti e con lamenti!' Stracciatevi il cuore, non le vesti; tornate al SIGNORE, vostro Dio, perché egli è misericordioso e pietoso, lento all'ira e pieno di bontà, e si pente del male che manda"* (Gioele 2:12-13).

In altre parole, Dio richiede che la legge sia praticata nel cuore piuttosto che attraverso le azioni. Ciò è descritto come "circoncisione del cuore" nella Bibbia. Siamo in grado di circoncidere i nostri corpi tagliando la carne del prepuzio, mentre possiamo circoncidere il nostro cuore solo attraverso la lacerazione dell'animo.

La circoncisione del cuore richiesta da Dio

Ma esattamente, a cosa fa riferimento la circoncisione del cuore? A "...liberatevi e gettate via ogni genere di male e di peccati, anche l'invidia, la gelosia, l'ira, i cattivi sentimenti, l'adulterio, la menzogna, l'inganno il giudizio e la condanna dal cuore." Quando vi liberate della malvagità del cuore e osservate la legge, Dio riconosce questo come perfetta obbedienza.

> *"Circoncidetevi per il SIGNORE, circoncidete i vostri cuori, uomini di Giuda e abitanti di Gerusalemme, affinché il mio furore non scoppi come un fuoco, e non s'infiammi al punto che nessuno possa spegnerlo, a causa della malvagità delle vostre azioni!"* (Geremia 4:4)

> *"Circoncidete dunque il vostro cuore e non indurite più il vostro collo"* (Deuteronomio 10:16).

> *"Egitto, Giuda, Edom, i figli di Ammon, Moab, tutti quelli che si radono le tempie e abitano nel deserto;*

poiché tutte le nazioni sono incirconcise, e tutta la casa d'Israele è incirconcisa di cuore" (Geremia 9:26).

"Il SIGNORE, il tuo Dio, circonciderà il tuo cuore e il cuore dei tuoi discendenti affinché tu ami il SIGNORE, il tuo Dio, con tutto il tuo cuore e con tutta l'anima tua, e così tu viva" (Deuteronomio 30:6).

Ecco in quale modo l'Antico Testamento ci esorta, anche spesso, a circoncidere il nostro cuore, perché solo coloro che sono hanno un cuore circonciso possono amare Dio con tutta l'anima.

Dio desidera che i suoi figli siano santi e perfetti. In Genesi 17:1, Dio richiese ad Abramo di essere "innocente", e in Levitico 19:2, comandò al popolo di Israele di essere "santo."

Giovanni 10:35 dice: *"Se chiama dèi coloro ai quali la parola di Dio è stata diretta (e la Scrittura non può essere annullata)"*, e in 2 Pietro 1:4: *"Attraverso queste ci sono state elargite le sue preziose e grandissime promesse perché per mezzo di esse voi diventaste partecipi della natura divina dopo essere sfuggiti alla corruzione che è nel mondo a causa della concupiscenza."*

Ai tempi del Vecchio Testamento si otteneva la salvezza mantenendo e il rispetto della legge attraverso una serie di azioni, mentre, nel Nuovo Testamento si può essere salvati solo attraverso la fede in Gesù Cristo che ha adempiuto tutta la legge con l'amore.

La salvezza tramite le azioni, come nell'Antico Testamento, era possibile anche nel caso in cui si possedevano dei desideri peccaminosi, come uccidere, odiare, commettere adulterio e mentire, ma non si trasformavano questi impulsi in azione. Nell'epoca dell'Antico Testamento, lo Spirito Santo non abitava nel cuore degli uomini e quindi, non era possibile liberarsi dei desideri malvagi attraverso la propria forza di volontà. Ecco perché, non peccando esteriormente, pur mantenendo il sentimento all'origine di un determinato peccato, non si veniva considerati trasgressori della legge.

Ma ora, dopo il Nuovo Testamento, riceviamo la salvezza solo quando circoncidiamo il nostro cuore con la fede. Lo Spirito Santo ci rende coscienti del peccato, della giustizia e del giudizio, aiutandoci a vivere secondo la parola di Dio, solo così potremmo liberarci della falsità propria della natura peccaminosa e circoncidere, così, il nostro cuore.

La salvezza attraverso la fede in Gesù Cristo non si riceve solo venendo a conoscenza del fatto che Gesù Cristo è il Salvatore, ma credendo in Lui. Solo quando gettiamo via la malvagità dal cuore, come risultato dell'amore che abbiamo verso Dio e camminiamo nella verità della fede, Egli ritiene che la nostra è vera fede e ci guida non solo verso il perfezionamento della nostra salvezza, ma anche in un percorso di vita costellato di risposte sorprendenti e incredibili benedizioni.

Come piacere a Dio

È naturale che un figlio di Dio non commetta peccati di "azione", certo, com'è anche normale che si liberi della falsità e dei desideri peccaminosi del cuore per assomigliare alla santità di Dio. Se non si compiono trasgressioni di "azione", ma nel cuore continuano ad esservi desideri peccaminosi contrari alla volontà divina, non si può essere considerati giusti da Dio.

Ecco perché è scritto in Matteo 5:27-28: *"Voi avete udito che fu detto: 'Non commettere adulterio.' Ma io vi dico che chiunque guarda una donna per desiderarla, ha già commesso adulterio con lei nel suo cuore."*

E poi, in 1 Giovanni 3:15: *"Chiunque odia suo fratello è omicida; e voi sapete che nessun omicida possiede in se stesso la vita eterna."* Ecco un versetto che ci spinge a eliminare l'odio dal nostro cuore.

Ma allora, come agire verso i vostri nemici, quelli che ci odiano perché ricerchiamo la volontà di Dio?

La legge del Vecchio Testamento dichiara: "Occhio per occhio e dente per dente." In altre parole, la legge dice: *"Proprio come ha ferito un uomo, così sarà inflitto su di lui"* (Levitico 24:20). Dio sa che il genere umano, nella sua malvagità, è prone a ripagare l'altro con più inflitte di quante ne riceve, per questo ha definito delle normative molto rigorose a regolamentare questi temi.

Re Davide è stato, infatti, più volte lodato per essere un uomo secondo il cuore di Dio, questo perché durante il periodo in cui re Saul lo cercava per ucciderlo, Davide non gli fece alcun male. Davide aveva compreso il vero significato nascosto nella legge e viveva seguendo solo la parola di Dio.

"Non odierai tuo fratello nel tuo cuore; rimprovera pure il tuo prossimo, ma non ti caricare di un peccato a causa sua" (Levitico 19:18).

"Quando il tuo nemico cade, non ti rallegrare; quand'è rovesciato, il tuo cuore non ne gioisca" (Proverbi 24:17).

"Se il tuo nemico ha fame, dagli del pane da mangiare; se ha sete, dagli dell'acqua da bere" (Proverbi 25:21).

"Voi avete udito che fu detto: 'Ama il tuo prossimo e odia il tuo nemico.' Ma io vi dico: amate i vostri nemici e pregate per quelli che vi perseguitano" (Matteo 5:43-44).

Se pensi di osservare la legge ma non hai perdonato una persona che ti ha provocato problemi, Dio non si compiace in te, perché Egli ci richiede di amare i nostri nemici. Quando si osserva la legge con il cuore secondo Dio, si può rispettare la legge e obbedire perfettamente e completamente alla sua Parola.

La Legge, segno dell'amore di Dio

L'Iddio d'amore desidera donarci benedizioni infinite, ma essendo Egli anche Dio della giustizia, se pecchiamo, a Lui non rimane altra scelta se non quella di consegnarci al diavolo. Ecco perché, quando non vivono secondo la parola di Dio, alcuni credenti soffrono malattie e affrontano incidenti e catastrofi.

Dio ci ha lasciato molti comandi nel suo amore per proteggerci da tali prove e dolori, esattamente come fa un genitore che istruisce un figlio, per proteggerlo da malanni e incidenti:

"Lavati le mani quando torni a casa."
"Lavati i denti dopo aver mangiato."
"Guarda a destra e sinistra quando attraversi la strada."

Allo stesso modo, Dio, nel suo amore, ci chiama ad osservare i suoi comandamenti e i suoi statuti per il nostro bene (Deuteronomio 10:13). Mantenere e praticare la parola di Dio è come una lampada sul cammino della nostra vita. Non importa quanto sia buio, possiamo tranquillamente percorrere il sentiero fino a destinazione, purché abbiamo con noi un faro. Dio, che è luce in noi, ci protegge e ci dona il privilegio delle benedizioni riservate ai figli di Dio.

Dio soccorre i figli che obbediscono alla sua Parola con i suoi occhi di fuoco, donando loro ciò che gli chiedono! Man mano che il cuore dei suoi figli diventa più buono e simile al suo, essi mantengono e rispettano la sua Parola, sperimentando la profondità del suo amore, cosa che li porta ad amarlo sempre di più.

Ecco perché la legge che Dio ci ha dato è come un testo d'amore, una guida, per quelli di noi che sono sotto la coltivazione di Dio sulla terra, verso una vita di benedizioni. La legge di Dio non comporta oneri per noi, ma ci protegge da ogni tipo di calamità in questo mondo dominato dal nemico, Satana, guidandoci in un percorso pieno di benedizioni.

Gesù ha adempiuto la legge con Amore

In Deuteronomio 19:19-21 leggiamo che ai tempi dell'Antico Testamento, quando venivano commessi dei peccati, con gli occhi ad esempio, gli occhi dovevano essere cavati. Stessa cosa se il peccato avveniva con le mani o con i piedi: dovevano essere amputati. Chi uccideva o commetteva adulterio veniva lapidato a morte.

La legge del regno spirituale è chiara: il risultato prodotto dai nostri peccati è la morte. Ecco perché Dio puniva gravemente chi compiva trasgressioni imperdonabili, in questo modo metteva in guardia altre persone, perché non commettessero gli stessi peccati.

Ma l'Iddio d'amore non era pienamente soddisfatto della fede con cui il suo popolo osservava la legge. Egli ha sottolineato più e più volte nel Vecchio Testamento che occorreva circoncidere il cuore, non voleva che il suo popolo vivesse dolori a causa della legge, così, quando il tempo fu quello giusto, ha inviato Gesù sulla terra, perché prendesse tutti i peccati dell'umanità e adempiesse la legge con l'amore.

Gesù, ha preso su di sé la croce e ha versato il suo sangue prezioso in modo che fossero le sue mani e i suoi piedi, e non i nostri, ad essere inchiodati, per lavare tutti i peccati che noi abbiamo commesso con le mani e con i piedi. Grazie all'immenso amore di Dio ora non è più necessario che le nostre mani e i nostri piedi vengano amputati.

Gesù, che è uno con l'Iddio d'amore, è sceso sulla terra per adempiere la legge con l'amore e vivere una vita esemplare, osservando la legge di Dio per intero.

Sebbene Egli abbia mantenuto tutta la legge, Egli non condannò chi l'aveva violata, ma insegnava al popolo la verità giorno e notte, lavorando per il Regno senza sosta, guarendo dalle malattie e liberando i posseduti dal demonio, al fine che più anime possibili potessero pentirsi dei propri peccati e giungere alla salvezza.

Capiamo meglio la portata dell'amore di Gesù, quando gli scribi e i farisei portarono al Signore una donna colta in flagrante adulterio, come narrato nel capitolo otto del Vangelo di Giovanni: *"Or Mosè, nella legge, ci ha comandato di lapidare tali donne; tu che ne dici?"* (v. 5) Gesù allora rispose dicendo: *"Chi di voi è senza peccato, scagli per primo la pietra contro di lei"* (v. 7).

Esponendo questa famosa affermazione, Egli intendeva aprire gli occhi dei religiosi davanti al fatto che, non solo la donna ma anche loro, che la incolpavano nel tentativo di ottenere motivi per accusare Gesù, erano peccatori davanti a Dio e pertanto nessun uomo può condannarne un altro. Nell'udire tutto questo la gente fu condannata dalla propria coscienza, e tutti, ad uno ad uno, si dileguarono, iniziando con gli anziani per finire con i giovani. Gesù fu lasciato solo con la donna che ora era in piedi davanti a Lui.

A questo punto, il Signore le chiede: *"Donna, dove sono i tuoi accusatori? C'è forse qualcuno qui che ti condanna?"* (v. 10). E lei rispose: *"Nessuno, Signore."* E Gesù le disse: *"Neanche io ti condanno. Vai e non peccare più"* (v. 11).

Questa donna era veramente impaurita perché colta sul fatto, il suo peccato era quindi evidente e davanti gli occhi di tutti. Così, quando Gesù la perdonò, potete immaginare quante lacrime deve avere versato in profonda commozione e gratitudine! Di certo, nel ricordarsi del perdono e dell'amore di Gesù, non ha più avuto il coraggio di trasgredire di nuovo la legge, non avrebbe peccato più. Questo è stato possibile perché ha incontrato Gesù che in sé ha adempiuto la legge con l'amore.

Gesù, però, non ha adempiuto la legge con l'amore solo per questa donna, ma per tutti gli esseri umani. Egli non ha risparmiato la sua vita per noi peccatori ed è morto sulla croce, con il cuore di un genitore che non risparmia la sua vita per salvare i suoi figli che annegano.

Gesù era senza colpa e senza macchia, l'unigenito Figlio di

Dio, eppure soffrì dolori indescrivibili, sparse tutto il sangue e tutta l'acqua presenti nel suo corpo, dando la sua vita sulla croce per noi peccatori. La crocifissione di Gesù è stato il momento d'amore più toccante in tutta la storia dell'umanità.

Quando il potere di questo amore immenso scende su di noi, riceviamo la forza per osservare e adempiere pienamente la legge con l'amore, proprio come ha fatto Gesù.

Se invece di adempiere la legge con l'amore, Gesù avesse giudicato e condannato l'umanità, quante persone si sarebbero salvate? Come scritto nella Bibbia, *"Non c'è nessun giusto, neppure uno"* (Romani 3:10), e quindi, nessuno può salvarsi.

Pertanto, i figli di Dio che hanno ricevuto il perdono dei peccati grazie al suo immenso amore, non solo ameranno il Signore e osserveranno i suoi comandi con un cuore umile, ma ameranno anche il prossimo come sé stessi, servendolo e perdonandolo.

Coloro che giudicano e condannano il prossimo con la legge

Gesù ha adempiuto la legge con amore ed è diventato il Salvatore di tutti gli uomini, ma in cosa Egli è stato diverso dai farisei, dagli scribi e dai dottori della legge? Essi insistevano sul rispetto della legge piuttosto che sulle azioni per santificare il cuore come Dio voleva. Inoltre, non avevano alcun perdono verso coloro che non eseguivano la legge, li giudicavano e li condannavano.

Ma non il nostro Dio, Egli non ci giudica e non ci condanna, Egli ha pietà ed amore, per questo non desidera che soffriamo nell'osservare la legge senza aver sperimentato l'amore di Dio. Se compiamo la legge senza amore e senza riuscire a comprendere il cuore di Dio, non avremo guadagnato niente.

> *"Se avessi il dono di profezia e conoscessi tutti i misteri e tutta la scienza e avessi tutta la fede in modo da spostare i monti, ma non avessi amore, non sarei nulla. Se distribuissi tutti i miei beni per nutrire i poveri, se dessi il mio corpo a essere arso, e non avessi amore, non mi gioverebbe a niente"* (1 Corinzi 13:2-3).

Dio è amore, ed Egli si rallegra e ci benedice quando agiamo con amore. Al tempo di Gesù i farisei osservavano la legge senza avere amore nel cuore e questo non gli profittava nulla. Giudicavano e condannavano gli altri forti della loro conoscenza della legge, ma questo li ha tenuti lontani da Dio e portati a crocifiggere il suo unico Figlio.

Comprendere la volontà di Dio nascosta nella Legge

I Padri della Fede, durante il tempo dell'Antico Testamento avevano compreso la reale volontà di Dio celata nella legge.

Abramo, Giuseppe, Mosè, Davide, Elia, non solo osservarono la legge, ma fecero anche del loro meglio per diventare veri figli di Dio circoncidendo il proprio cuore.

Tuttavia, quando Gesù fu inviato come Messia agli ebrei per far loro incontrare l'Iddio di Abramo, di Isacco e di Giacobbe, non lo riconobbero perché erano accecati dalla struttura rigida della tradizione degli anziani, presi dalle azioni di osservanza della legge.

Al fine di testimoniare che Egli è il Figlio di Dio, Gesù compì prodigi incredibili e segni miracolosi possibili solo con la potenza di Dio. Ma loro non lo riconobbero neanche così, perché non erano proprio in grado di riceverlo come il Messia.

Non tutti gli ebrei, però, avevano un cuore indurito. Molti, infatti, nell'ascoltare i messaggi di Gesù e nel vedere i miracoli che compiva, ebbero la certezza che Dio era con Lui. Come narrato nel terzo capitolo del Vangelo di Giovanni, un fariseo chiamato Nicodemo una notte andò da Gesù e gli chiese ciò che segue:

"Rabbì, noi sappiamo che tu sei un dottore venuto da Dio; perché nessuno può fare questi miracoli che tu fai, se Dio non è con lui" (Giovanni 3:2).

L'Iddio d'amore aspetta il ritorno di Israele

Qual è quindi la ragione per cui la maggior parte degli ebrei non ha riconosciuto Gesù come Salvatore? Perché non erano disposti ad accettare "cose" al di fuori della struttura che si erano creati.

Fino a quando non incontrò il Signore Gesù, anche Paolo era convinto di rispettare pienamente la legge e la tradizione degli anziani, pensava davvero che così facendo stesse dimostrando il suo amore e il suo servizio verso Dio al meglio delle sue possibilità. Ecco perché non solo non aveva accettato Gesù come Salvatore, ma perseguitava i suoi seguaci. Dopo aver incontrato il Signore Gesù risorto sulla via di Damasco e frantumato la sua struttura mentale riguardo alla Legge, Paolo divenne un apostolo di Gesù Cristo. Da quel momento in poi, avrebbe dedicato ogni singolo istante della sua esistenza al suo Signore, fino a morire per Lui.

Questo desiderio di mantenere la legge è profondamente insediato nell'essenza intima degli ebrei, e, nonostante tutto, questo è il loro punto di forza. Ecco perché quando si rendono conto di quale sia la vera volontà di Dio incorporata nella legge, possono amare Dio più di qualsiasi altro popolo o razza ed essergli fedeli con tutta la loro vita.

Quando Dio portò fuori dall'Egitto il popolo di Israele per mezzo di Mosè, diede loro leggi e comandamenti promettendo che, se, il loro cuore fosse stato circonciso e se avessero vissuto secondo la sua volontà, sarebbe stato sempre con loro donandogli benedizioni sorprendenti.

"...e ti convertirai al SIGNORE tuo Dio, e ubbidirai alla sua voce, tu e i tuoi figli, con tutto il tuo cuore e

con tutta l'anima tua, secondo tutto ciò che oggi io ti comando, il SIGNORE, il tuo Dio, farà ritornare i tuoi dalla schiavitù, avrà pietà di te e ti raccoglierà di nuovo fra tutti i popoli, fra i quali il SIGNORE, il tuo Dio, ti avrà disperso. Quand'anche i tuoi esuli fossero all'estremità dei cieli, di là il SIGNORE, il tuo Dio, ti raccoglierà e di là ti prenderà. Il SIGNORE, il tuo Dio, ti ricondurrà nel paese che i tuoi padri avevano posseduto e tu lo possederai; ed egli ti farà del bene e ti moltiplicherà più dei tuoi padri. Il SIGNORE, il tuo Dio, circonciderà il tuo cuore e il cuore dei tuoi discendenti affinché tu ami il SIGNORE, il tuo Dio, con tutto il tuo cuore e con tutta l'anima tua, e così tu viva. Il SIGNORE, il tuo Dio, farà cadere tutte queste maledizioni sui tuoi nemici e su tutti quelli che ti avranno odiato e perseguitato. Tu ritornerai e ubbidirai alla voce del SIGNORE; metterai in pratica tutti questi comandamenti che oggi ti do" (Deuteronomio 30:2-8).

Proprio come Dio ha promesso al suo popolo eletto in questi versi, li ha raccolti malgrado fossero sparsi in tutto il mondo e li ha riportati nel loro territorio originario nel giro di un paio di migliaia di anni, ponendoli sopra tutte le nazioni della terra. Tuttavia, Israele non ha compreso né il grande amore di Dio dimostrato attraverso la crocifissione, né la sua provvidenza stupefacente nel creare e coltivare l'umanità, continuando ad osservare la legge tramite azioni esteriori e le tradizioni degli anziani.

L'Iddio d'amore brama e aspetta con ansia che questo popolo abbandoni la propria fede distorta per divenire un popolo di veri figli, il più presto possibile. Perché questo succeda, in primo luogo, occorre che aprano i loro cuori e accettino Gesù come Salvatore di tutti gli uomini inviato da Dio, ricevendo così il perdono dei loro peccati. Successivamente, occorre che comprendano la vera volontà di Dio celata nella legge e posseggano la vera fede con cui osservare con diligenza la sua Parola attraverso la circoncisione del cuore. Solo così potranno giungere a salvezza.

Prego nel nome del nostro Signore Gesù Cristo che Israele ripristini l'immagine perduta di Dio attraverso la fede che è Gli è gradita, diventando dei suoi veri figli in modo che possano godere di tutte le benedizioni che Dio ha promesso e dimorare nella gloria del cielo eterno.

La Cupola della Roccia, la moschea islamica situata nella città santa di Gerusalemme perduta

Capitolo 4
Guarda e Ascolta!

Verso la fine del mondo

La Bibbia riferisce chiaramente sulla storia del genere umano e su quella che sarà la sua fine. Per poche migliaia di anni, attraverso la Bibbia, Dio ci ha parlato del corso degli eventi della coltivazione umana, iniziata con il primo uomo sulla terra, Adamo, che finirà con il secondo ritorno del Signore nell'aria.

Per l'orologio di Dio, che ore sono adesso e quanti giorni, quante ore sono rimaste al rintocco finale della coltivazione umana? Nei prossimi paragrafi approfondiremo quale sia la volontà del nostro Dio d'amore per il suo popolo eletto e come guiderà Israele verso la strada della salvezza.

Compimento delle profezie bibliche nel corso della storia umana

La Bibbia contiene molte profezie e tutte sono parole dell'Iddio onnipotente, del Creatore. Come dice Isaia 55:11: *"... così è della mia parola, uscita dalla mia bocca: essa non torna a me a vuoto, senza aver compiuto ciò che io voglio e condotto a buon fine ciò per cui l'ho mandata."* La parola di Dio si è adempiuta con precisione finora, e continuerà a compiersi.

La storia di Israele conferma, ovviamente, che le profezie della

Bibbia sono state soddisfatte esattamente senza il minimo errore. Il corso degli eventi si è svolto puntualmente secondo la profezia biblica: 400 anni di schiavitù in Egitto, l'Esodo, l'ingresso nel paese di Canaan, la divisione del regno in due – Israele e Giuda –, la distruzione di entrambi i regni, la cattività babilonese, il ritorno di Israele, la nascita del Messia, la crocifissione del Messia, la distruzione di Israele e la diaspora degli ebrei tra le nazioni, la ri-costituzione di uno stato di Israele indipendente.

La storia del genere umano è sotto il controllo di Dio Onnipotente, e, ogni volta che Egli ha compiuto qualcosa di importante, ha preannunciato ai suoi uomini ciò che sarebbe accaduto (Amos 3:7). Dio predisse a Noè, l'unico uomo giusto e puro del suo tempo, che il Diluvio avrebbe distrutto tutta la terra. Disse ad Abramo che le città di Sodoma e Gomorra sarebbero state distrutte e lasciò che il profeta Daniele e l'apostolo Giovanni conoscessero cosa sarebbe successo al momento della fine del mondo.

La maggior parte delle profezie presenti nella Bibbia si sono adempiute e, quelle che ancora non si sono verificate, riguardano la seconda venuta del Signore e le cose che precedono questo evento.

I segni della fine dei secoli

Oggi, non importa con quanta serietà spieghiate che il momento della fine si avvicina, la gente non ci vuole credere, e così, invece di riflettere su queste cose, preferisce pensare che quelli come noi che parlano della fine del tempo siano degli individui un po' strani e li evita come possono. Tutti pensano che il sole sorgerà e tramonterà per sempre, che gli esseri umani nasceranno e moriranno senza fine e che la civiltà continuerà come ha sempre fatto.

La Bibbia parla dei giorni che noi stiamo ora vivendo come degli "ultimi tempi": *"Sappiate questo, prima di tutto: che negli ultimi giorni verranno schernitori beffardi, i quali si comporteranno secondo i propri desideri peccaminosi e diranno: 'Dov'è la promessa della sua venuta? Perché dal giorno in cui i padri si sono addormentati, tutte le cose continuano come dal principio della creazione'"* (2 Pietro 3:3-4).

Ogni uomo che nasce è destinato a morire. Allo stesso modo, proprio come tutto ha avuto un inizio, anche la storia umana avrà una fine. Quando il tempo che Dio ha determinato arriverà, tutte le cose in questo mondo termineranno.

> *"In quel tempo sorgerà Michele, il grande capo, il difensore dei figli del tuo popolo; vi sarà un tempo di angoscia, come non ce ne fu mai da quando sorsero le nazioni fino a quel tempo; e in quel tempo, il tuo popolo sarà salvato; cioè, tutti quelli che saranno trovati iscritti nel libro. Molti di quelli che dormono nella polvere della terra si risveglieranno; gli uni per la vita eterna, gli altri per la vergogna e per una eterna infamia. I saggi risplenderanno come*

> *lo splendore del firmamento e quelli che avranno insegnato a molti la giustizia risplenderanno come le stelle in eterno. Tu, Daniele, tieni nascoste queste parole e sigilla il libro sino al tempo della fine. Molti lo studieranno con cura e la conoscenza aumenterà"* (Daniele 12:1-4).

Il profeta Daniele ha profetizzato le cose che sarebbero accadute alla fine dei secoli. C'è chi dice che le profezie date per mezzo di Daniele si sono già adempiute nel corso della storia, ma questa profezia sarà pienamente attuata nell'ultimo momento della storia dell'umanità, ed è completamente compatibile con i segni degli ultimi giorni del mondo, come descritti nel Nuovo Testamento.

Questa profezia di Daniele è legata alla seconda venuta del Signore. Il verso 1 dice: *"...vi sarà un tempo di angoscia, come non ce ne fu mai da quando sorsero le nazioni fino a quel tempo; e in quel tempo, il tuo popolo sarà salvato"*, descrivendo i sette anni di grande tribolazione che avverranno prima della fine del mondo.

La seconda metà del versetto 4, dice: *"Molti andranno avanti e indietro, e la conoscenza aumenterà"* (Nuova Diodati), decifrando esattamente come svolge la vita quotidiana la gente di oggi. E' chiaro che queste profezie di Daniele non si riferiscono alla distruzione di Israele che ha avuto luogo nell'anno del 70 DC, ma i segni della fine dei tempi.

Gesù parlò ai suoi discepoli dei segni della fine dei tempi con molta precisione. In Matteo 24:6-7, 11-12, Egli disse: *"Voi udrete parlare di guerre e di rumori di guerre; guardate di non turbarvi, infatti bisogna che questo avvenga, ma non sarà ancora la fine. Perché insorgerà nazione contro nazione e regno contro regno; ci saranno carestie e terremoti in vari luoghi; ma tutto questo non sarà che principio di dolori. Allora vi abbandoneranno all'oppressione e vi uccideranno e sarete odiati da tutte le genti a motivo del mio nome. Allora molti si svieranno, si tradiranno e si odieranno a vicenda. Molti falsi profeti sorgeranno e sedurranno molti. Poiché l'iniquità aumenterà, l'amore dei più si raffredderà."*

Oggi, com'è la situazione mondiale? Ogni giorno arrivano notizie di conflitti, di rumori di guerre e di terrorismo. Le nazioni lottano l'una contro l'altra, ci sono carestie, molti terremoti, altri tipi di calamità naturali e disastri causati da condizioni climatiche insolite. Inoltre, l'illegalità è sempre più diffusa, il male dilaga ovunque e la gente non ha più sentimenti.

Le stesse cose sono scritte nella Seconda lettera a Timoteo:

"Or sappi questo: negli ultimi giorni verranno tempi difficili; perché gli uomini saranno egoisti, amanti del denaro, vanagloriosi, superbi, bestemmiatori, ribelli ai genitori, ingrati, irreligiosi, insensibili, sleali, calunniatori, intemperanti, spietati,

senza amore per il bene, traditori, sconsiderati, orgogliosi, amanti del piacere anziché di Dio, aventi l'apparenza della pietà, mentre ne hanno rinnegato la potenza. Anche da costoro allontànati!" (2 Timoteo 3:1-5).

Oggi le persone non perseguono il bene ma il denaro e il proprio piacere, e, in nome di questo, commettono peccati orribili e azioni malvagie, tra cui l'omicidio, senza esitazioni di coscienza. Purtroppo, la frequenza con cui tutto questo avviene è in crescendo, a tal punto che i cuori delle persone sono diventati così insensibili che nessuno si sorprende più. Nel constatare tutto ciò, non possiamo negare che il corso della storia umana è veramente arrivato vicino al suo termine.

La storia di Israele è una lancetta volta ad indicarci i segni della seconda venuta del Signore e l'ora della fine dei tempi.

Matteo 24:32-33 dice: *"Imparate dal fico questa similitudine: quando già i suoi rami si fanno teneri e mettono le foglie, voi sapete che l'estate è vicina. Così anche voi, quando vedrete tutte queste cose, sappiate che egli è vicino, proprio alle porte."*

Il "fico", che qui si riferisce a Israele, è un albero che durante l'inverno sembra morto, ma quando arriva la primavera, sui suoi rami spuntano fiori e rigogliose foglie verdi. Allo stesso modo, dal momento della distruzione di Israele che ha avuto luogo nel

70 DC, poteva sembrare che Israele fosse sparito completamente per circa duemila anni, ma, quando il momento della scelta di Dio è arrivato, Israele è tornato ad essere una nazione, uno stato indipendente, come proclamato il 14 Maggio 1948.

A noi occorre solo sapere che l'indipendenza di Israele indica l'avvicinarsi della seconda venuta di Gesù Cristo. Di conseguenza, Israele dovrebbe rendersi conto che il Messia, di cui ancora attendono l'avvento, è già arrivato sulla terra ben 2000 anni fa, come Salvatore di tutti gli uomini, e che questo Gesù Salvatore tornerà sulla terra come giudice, prima o poi.

Secondo le profezie della Bibbia, cosa accadrà a quelli come noi che vivono durante i giorni degli ultimi tempi?

L'avvento del Signore nell'aria e il Rapimento

Circa 2.000 anni fa, Gesù fu crocifisso, il terzo giorno risorse – distruggendo il potere della morte – e ascese al cielo davanti gli occhi di molti testimoni.

> *"Uomini di Galilea, perché state a guardare verso il cielo? Questo Gesù, che vi è stato tolto, ed è stato elevato in cielo, ritornerà nella medesima maniera in cui lo avete visto andare in cielo"* (Atti 1:11).

Il Signore Gesù ha aperto la porta alla salvezza per l'umanità attraverso la Sua crocifissione e la resurrezione, dopo di che è salito in cielo per sedersi alla destra del trono di Dio, dove prepara dimore celesti per i redenti. Quando la storia del genere umano starà per terminare, Egli tornerà di nuovo per portarci son sé. Il suo secondo avvento è ben descritto in 1 Tessalonicesi 4:16-17:

> *"...perché il Signore stesso, con un ordine, con voce d'arcangelo e con la tromba di Dio, scenderà dal cielo, e prima risusciteranno i morti in Cristo; poi noi viventi, che saremo rimasti, verremo rapiti insieme con loro, sulle nuvole, a incontrare il Signore nell'aria; e così saremo sempre con il Signore."*

Che scena maestosa! Il Signore che scende nell'aria sulla nuvola di gloria accompagnato dagli angeli e dalle schiere celesti! I salvati saranno immediatamente trasformati e il loro corpo diverrà spirituale, immortale, incontreranno il Signore nell'aria, dopodiché celebreranno per sette anni il banchetto di nozze con lo Sposo eterno.

I redenti saranno elevati nell'aria e incontreranno il Signore, per vivere quello che noi chiamammo "rapimento." L' "aria" è un luogo del regno spirituale, nel secondo cielo, dove Dio ha preparato il banchetto di nozze dello sposo.

Dio ha suddiviso il regno spirituale in alcuni spazi, e uno di loro è il secondo cielo. Il secondo cielo comprende due aree: da una parte l'Eden, che è il mondo della luce e dall'altra il mondo delle tenebre. In una parte del mondo della luce Egli ha lasciato uno spazio speciale preparato per il banchetto di nozze dell'Agnello che durerà sette anni.

Tutti i redenti che si sono ornati di fede per raggiungere la salvezza in questo mondo pieno di peccato e malvagità, saranno rapiti nell'aria per essere la sposa del Signore, incontrarlo e godere della festa nuziale per sette anni.

> *"Rallegriamoci ed esultiamo e diamo a lui la gloria, perché sono giunte le nozze dell'Agnello e la sua sposa si è preparata. Le è stato dato di vestirsi di lino fino, risplendente e puro; poiché il lino fino sono le opere giuste dei santi. E l'angelo mi disse: Scrivi: 'Beati quelli che sono invitati alla cena delle nozze dell'Agnello.' Poi aggiunse: 'Queste sono le parole veritiere di Dio'"* (Apocalisse 19:7-9).

Durante il banchetto di nozze con il Signore, quelli che sono stati rapiti nell'aria verranno consolati per aver vinto il mondo con la fede, mentre, coloro che non sono stati rapiti, subiranno sofferenze indicibili durante gli anni della grande tribolazione a motivo degli spiriti maligni liberati sulla terra dopo l'avvento del Signore.

I sette anni di grande tribolazione

Nel pieno dello svolgimento del banchetto nuziale

dell'Agnello nell'aria, sulla terra avrà luogo una tribolazione senza precedenti nella storia dell'umanità, sia per portata – coprirà tutta la terra – che per caratteristica – avverano cose oltremodo orribili.

Come inizierà la grande tribolazione? Nel momento in cui avverrà il rapimento, e così tante persone verranno prese nell'aria, quelli che resteranno sulla terra saranno in preda al panico e allo shock per l'improvvisa scomparsa dei loro familiari, amici e vicini di casa e inizieranno a vagare nel tentativo di cercarli.

Ben presto capiranno che ciò che è avvenuto non è altro che il rapimento di cui i cristiani parlavano. A questo punto perverrà l'orrore al pensiero dei sette anni di grande tribolazione che stanno per arrivare. Poi, saranno sopraffatti dall'ansia e dagli attacchi di panico. Non solo, tra i redenti rapiti ci saranno conducenti di aerei, navi, treni, automobili e altri veicoli, per cui, avranno luogo anche incidenti di ogni genere, a motivo di cui il mondo sarà pieno di caos e disordine.

A questo punto apparirà una persona, a capo dell'Unione Europea, pronta a portare pace e ordine nel mondo. Unendo le forze politiche, economiche e militari, egli manterrà il mondo in ordine, e otterrà, quindi, un periodo di stabilità. Ecco perché così tante persone si rallegreranno della sua apparizione sulla scena mondiale. Molti lo accoglieranno con entusiasmo, saranno leali con lui e lo sosterranno attivamente.

Egli è l'Anticristo di cui la Bibbia parla, l'uomo dei sette anni di grande tribolazione, anche se all'inizio apparirà come un "messaggero di pace." In realtà l'Anticristo porterà pace nell'umanità nei primi anni del suo regno e lo strumento che egli impiegherà per ottenerla è il marchio della bestia, il "666", come scritto nella Bibbia.

> *"Inoltre obbligò tutti, piccoli e grandi, ricchi e poveri, liberi e schiavi, a farsi mettere un marchio sulla mano destra o sulla fronte. Nessuno poteva comprare o vendere se non portava il marchio, cioè il nome della bestia o il numero che corrisponde al suo nome. Qui sta la sapienza. Chi ha intelligenza, calcoli il numero della bestia, perché è un numero d'uomo; e il suo numero è seicentosessantasei"* (Apocalisse 13:16-18).

Qual è il marchio della bestia?

Quando Giovanni parla della bestia si riferisce a un computer. L'Unione Europea (UE) creerà questa organizzazione servendosi di un cervello elettronico, attraverso il quale a ogni persona verrà fornito un codice a barre da apporre sulla mano destra (o sulla fronte). Il codice a barre è il marchio della bestia. Su questo codice verranno caricate tutte le informazioni personali di ogni individuo e poi verrà impiantato nel suo corpo. In questo modo, il computer dell'UE potrà monitorare, osservare e controllare tutti dettagliatamente, in qualsiasi luogo e in qualsiasi momento.

Le nostre carte di credito e le carte d'identità saranno inglobate e sostituite dal marchio della bestia, dal "666." A questo punto non si avrà più la necessità di operare attraverso contanti o assegni. In questo modo le persone non dovranno più preoccuparsi di perdere i documenti o di essere derubate del denaro. Sarà proprio grazie a questo punto di forza che il marchio della bestia, il "666", si diffonderà in tutto il mondo in breve tempo, e, senza questo marchio, nessuno potrà essere identificato e di conseguenza non potrà né vendere né acquistare.

Dapprima, durante la prima metà della grande tribolazione, le persone non saranno costrette a ricevere il marchio, ma gli sarà solo raccomandato di farlo. Poi, quando l'organizzazione dell'UE sarà fermamente stabilita, durante la seconda metà della grande tribolazione, l'Unione Europea imporrà a tutti di avere il marchio e non perdonerà coloro che si rifiutano di accettarlo. In questo modo l'UE terrà le persone legate e ne farà ciò che vuole.

Alla fine, la maggior parte delle persone che rimarrà durante i sette anni di grande tribolazione verrà completamente padroneggiata dell'Anticristo e dal governo della bestia, e, poiché l'anticristo sarà controllato dal diavolo, il nemico, l'UE porterà gli uomini sulla via del male, dell'ingiustizia, dei peccati e dalla distruzione e ad opporsi a Dio.

Malgrado tutto ciò, ci saranno alcune persone non si arrenderanno all'Anticristo: sono coloro che avevano creduto in Gesù Cristo, ma non sono stati rapiti in cielo durante il secondo avvento del Signore perché privi della vera fede.

Alcuni di loro avevano accettato il Signore e vissuto nella grazia di Dio per un periodo ma poi hanno perso la grazia e sono ritornati nel mondo, altri, invece, professavano la loro fede in Cristo e frequentavano la chiesa, ma hanno continuato a vivere nei piaceri mondani perché non possedevano la vera fede spirituale. Poi, ci saranno quelli che accetteranno il Signore Gesù Cristo nel periodo della grande tribolazione ed anche degli ebrei risvegliati dal sonno spirituale dopo aver visto il rapimento.

Tutti costoro, attraverso la realtà del rapimento, comprenderanno che le parole Nuovo Testamento erano reali e si struggeranno battendo il terreno, saranno catturati da una grande paura, si pentiranno per non aver vissuto secondo la volontà di Dio quando potevano e cercheranno un modo per ricevere la salvezza.

> *"Seguì un terzo angelo, dicendo a gran voce: «Chiunque adora la bestia e la sua immagine, e ne prende il marchio sulla fronte o sulla mano. Egli pure berrà il vino dell'ira di Dio versato puro nel calice della sua ira; e sarà tormentato con fuoco e zolfo davanti ai santi angeli e davanti all'Agnello." Il fumo del loro tormento sale nei secoli dei secoli. Chiunque adora la bestia e la sua immagine e prende il marchio*

del suo nome, non ha riposo né giorno né notte. Qui è la costanza dei santi che osservano i comandamenti di Dio e la fede in Gesù" (Apocalisse 14:9-12).

Se qualcuno riceve il marchio della bestia sarà costretto a obbedire all'anticristo che, dal canto suo, è l'oppositore di Dio. È per questo che la Bibbia sottolinea che quelli con il marchio della bestia non potranno raggiungere la salvezza. Durante la grande tribolazione chi è conoscenza di ciò farà di tutto per non ricevere il marchio in modo da mostrare la propria fede ed essere salvato.

Quando l'identità dell'anticristo sarà chiaramente rivelata, egli individuerà come elementi impuri della società tutti quelli che si oppongono alla sua politica e si rifiutano di ricevere il marchio, eliminandoli dal contesto sociale in quanto rappresentano un pericolo per la pace e la stabilità collettiva. Poi, li costringerà a rinnegare Gesù Cristo e a ricevere il marchio della bestia. Se ancora resistono, seguiranno persecuzione e martirio.

La salvezza attraverso il martirio per non ricevere il marchio della bestia

I tormenti di coloro che non intendono ricevere il marchio della bestia nel corso dei sette anni di grande tribolazione sono incredibilmente tremendi, quasi impossibili da sopportare, ecco perché saranno veramente pochi quelli che riusciranno ad ottenere l'ultima opportunità di redenzione. Alcuni diranno: "Io non intendo abbandonare la mia fede nel Signore, continuo a credere in Lui con il mio cuore, ma queste torture sono troppo schiaccianti, rinnegherò il Signore solo con la mia bocca, Dio mi capirà e mi salverà comunque...", e prenderanno il marchio della bestia. Purtroppo per loro, non è così che si potrà ricevere la salvezza.

Qualche anno fa, mentre stavo pregando, Dio mi ha mostrato in visione le torture a cui saranno sottoposti, e ciò che dovranno sopportare per non ricevere il marchio della bestia, quelli che rimarrano durante la grande tribolazione. Ciò che ho visto è stato veramente orribile! I carnefici li spellavano vivi, spezzavano tutte le articolazioni del corpo, tagliavano le dita, i piedi, le braccia e le gambe e riversavano olio bollente sui corpi di queste persone.

Durante la seconda guerra mondiale sono avvenute cose orribili, torture e tormenti di ogni genere, addirittura sono stati condotti esperimenti clinici su corpi vivi, ciononostante, nulla di tutto ciò è paragonabile al tormento che avverrà durante la grande tribolazione. Dopo il rapimento. l'anticristo, insieme al diavolo, il nemico, dominerà il mondo intero e non avrà pietà e compassione per nessuno.

Il diavolo, il nemico, e le forze dell'Anticristo sapranno bene come convincere la gente a rinnegare Gesù. Tutto questo per spingerli verso l'inferno! Tortureranno i credenti, ma non li uccideranno subito, utilizzeranno metodi di sevizia raffinatissimi e tremendamente crudeli, con apparecchiature di ultima generazione, progettate per ottenere il massimo panico e i dolori più acuti.

e persone sottoposte a tortura brameranno la morte, ma non potranno neanche morire perché l'Anticristo non li ucciderà, volendo prolungare il loro tormento, ben sapendo che non vorranno procurarsi la morte da soli, perché un suicida non potrà mai godere della redenzione.

Purtroppo, nella mia visione ho anche compreso che la maggior parte di queste persone non riuscirà a sopportare il dolore della tortura e si arrenderà all'Anticristo. Per un certo tempo alcuni di loro ci riusciranno, magari quelli con una volontà più forte, ma quando vedranno che a causa loro anche gli amati figli o gli adorati genitori vengono torturati, abbandoneranno la resistenza, si arrenderanno all'Anticristo e di conseguenza riceveranno il marchio della bestia.

Solo in pochi, quelli con un cuore retto e sincero, supereranno le torture orribili e moriranno da martiri, e soltanto coloro che manterranno la loro fede attraverso il martirio durante la grande tribolazione, parteciperanno alla salvezza.

La via per la salvezza durante la grande tribolazione

Durante la Seconda Guerra mondiale, gli ebrei, che fino allora avevano vissuto pacificamente in Germania, non sospettavano neanche lontanamente l'entità dell'orribile carneficina che li attendeva. Mai e poi mai avrebbero ritenuto possibile che ben 6 milioni di giudei sarebbero stati eliminati. Nessuno sapeva, o avrebbe potuto prevedere, che la Germania, fino a quel punto un luogo stabile e pacifico, improvvisamente si sarebbe trasformata in una tale forza malvagia.

A quel tempo, non sapendo che cosa stava per accadere, gli ebrei erano impotenti e non potevano fare nulla per evitare la grande sofferenza. Adesso, Dio desidera che il suo popolo sia in grado di evitare la catastrofe imminente nel prossimo futuro. Ecco perché ha segnalato la fine del mondo in dettaglio nella Bibbia, permettendo così agli uomini di Dio che vivono in Israele di stare in guardia dalla tribolazione che sta per venire.

La cosa più importante per Israele è sapere che questo disastro della tribolazione non può essere evitato, e, che, invece di scappare, Israele sarà coinvolto fino a divenire il centro della grande tribolazione. Desidero che anche i lettori di questo volume comprendano quanto presto la tribolazione arriverà e che, se non sono pronti, li coglierà come un ladro di notte. Svegliatevi dal sonno spirituale, è l'unico modo per sfuggire alla catastrofe!

Adesso è il tempo che Israele si svegli, che si penta di non aver riconosciuto il Messia, e che accetti Gesù Cristo come Salvatore di tutti gli uomini! Ora è il tempo di fare propria la vera fede che Dio desidera per loro, in modo che altresì gli ebrei vengano rapiti quando il Signore tornerà nell'aria.

Vi esorto a tenere a mente che l'Anticristo apparirà al mondo come messaggero di pace, proprio come ha fatto la Germania prima della seconda guerra mondiale. Egli offrirà concordia e conforto, ma poi, molto rapidamente e inaspettatamente, l'Anticristo diventerà una grande forza fino ad ottenere tutto il potere, per infliggere sofferenze e disastri oltre ogni immaginazione.

Le dieci dita

La Bibbia, in molti passaggi profetici, indica chiaramente ciò che avverrà in futuro. In particolare, se guardiamo le profezie presenti nei libri dei grandi profeti dell'Antico Testamento, queste parlano di ciò che avverrà sempre in concomitanza con il futuro del mondo. Quale pensate sia la ragione di questo? Perché il popolo di Dio, Israele, è stato, è e sarà al centro della storia dell'umanità.

La grande statua della profezia di Daniele

Le profezie di Daniele non parlano soltanto del futuro di Israele, ma anche di ciò che succederà nel mondo negli ultimi giorni, sempre in relazione alla fine di Israele. Nel Libro di Daniele, al capitolo 2:31-33, il profeta interpreta il sogno del re Nabucodonosor per ispirazione di Dio, e nell'interpretazione profetizza ciò che sarebbe accaduto alla fine del mondo:

> *"Tu, o re, guardavi, ed ecco una grande statua; questa statua, immensa e d'uno splendore straordinario, si ergeva davanti a te, e il suo aspetto era terribile. La testa di questa statua era d'oro*

puro; il suo petto e le sue braccia erano d'argento; il suo ventre e le sue cosce di bronzo; le sue gambe, di ferro; i suoi piedi, in parte di ferro e in parte d'argilla" (Daniele 2:31-33).

Ma in che modo questi versi sono relazionati agli ultimi tempi?

"L'immensa statua" che il re Nabucodonosor ha visto nel suo sogno non è altro che l'Unione Europea. Oggi il mondo è controllato da due forze: gli Stati Uniti d'America e l'Unione Europea. Naturalmente, l'influenza della Russia e della Cina non vanno ignorate, ma, gli Stati Uniti d'America e l'Unione Europea diverranno sempre più influenti e potenti nel mondo, in tutti i settori, dall'economia alla forza militare.

Attualmente, l'UE sembra essere un po' debole, ma, questo è innegabile oggi, si espanderà. Fino ad ora gli Stati Uniti sono stati, di fatto, la nazione dominante nel mondo, ma a poco a poco l'UE accrescerà il proprio potere tra le nazioni, fino a superare gli USA.

Solo pochi decenni fa, nessuno poteva immaginare che i paesi europei si unissero al di sotto di un unico sistema di governo. Naturalmente, le discussioni a proposito dell'Unione Europea si sono svolte per un lungo periodo di tempo, ma non esistevano garanzie a supporto della buona riuscita di tale intento, considerate le barriere di identità nazionale, lingua, valuta e i molti altri confini.

Ma, a partire dalla fine degli anni '80, i leader dei paesi europei hanno iniziato a discutere seriamente della questione, semplicemente a motivo delle preoccupazioni economiche. Durante il periodo della guerra fredda, la corrente politica principale era quella di mantenere il dominio del mondo attraverso la forza militare, ma, dal momento che la guerra fredda si è conclusa, il focus del potere principale si è spostato dal potere militare a quello economico.

Per prepararsi a questo, i paesi europei hanno cercato di unirsi, e, di conseguenza, sono diventati un'entità economica unica. Ora, ciò che ancora resta da compiere è l'unificazione politica, portare i paesi ad un unico sistema di governo. Ed ora stiamo assistendo all'apertura del percorso per raggiungere questo obiettivo.

"...questa statua, immensa e d'uno splendore straordinario, si ergeva davanti a te, e il suo aspetto era terribile", di cui parla Daniele 2:31, profetizza la crescita delle attività dell'UE. Essa ci dice quanto forte e potente diventerà l'Unione Europea.

L'UE diventera oltremodo potente

Ma in che modo l'Unione Europea arriverà a godere un così grande potere? Daniele 2:32 ci dà la risposta spiegando la struttura della statua, a partire della testa, fino al seno, alle braccia, al ventre, alle cosce, alle gambe e ai piedi.

Prima di tutto, il versetto 32 dice: *"La testa di questa statua era di oro puro."* Ciò profetizza che l'UE migliorerà la sua potenza economica attraverso l'accumulo di molta ricchezza. Come profetizzato qui, l'UE beneficerà grandemente dell'unione economia e consentirà a molti di fare grandi guadagni.

Successivamente, questo stesso versetto dice: "...il suo petto e le sue braccia erano d'argento." Essa simboleggia che l'UE socialmente, culturalmente e politicamente sembra unita. Quando verrà eletto un presidente unico a rappresentare l'Unione Europea, si realizzerà l'unità politica verso l'esterno, e l'UE diventerà un unico soggetto socioculturale. Tuttavia in un contesto di unità incomplete, ciascun membro cercherà il proprio tornaconto economico.

La profezia continua e dice: "...il suo ventre e le sue cosce di bronzo", a simboleggiare che l'UE realizzerà anche un unità militare. Ogni paese della UE vuole possedere forza economica e l'unità militare sarà fondamentale ai fini del beneficio economico, che è l'obiettivo finale. Per partecipare a questo potere e controllare il mondo attraverso la forza finanziaria, l'UE non avrà altra scelta se non unificare la propria sfera sociale, culturale, politica e militare.

Infine, la profezia dice: "...le gambe di ferro." Questo configura l'altro solido fondamento che occorrerà all'UE perché questa si rafforzi: l'unità religiosa. Nella fase iniziale, l'UE dovrà proclamare il cattolicesimo come religione di stato.

Il cattolicesimo acquisterà forza e diverrà il meccanismo di sostegno per consolidare e mantenere l'UE.

Significato spirituale delle dieci dita dei piedi

Quando la UE riuscirà finalmente ad unificare i tanti paesi sotto una sola influenza economica, politica, sociale, culturale, militare e religiosa, in un primo momento, ostenterà la sua potenza, ma a poco si scorgeranno segni di discordia e di disunione.

In questa fase iniziale i paesi si uniranno per ottenere mutui benefici economici. Ma, col passare del tempo verranno a galla le differenze sociali, culturali, politiche ed ideologiche. Questo porterà scompiglio e discordia fino a sfociare in frazionamenti. Infine, i conflitti religiosi usciranno allo scoperto – le conflittualità tra cattolicesimo e protestantesimo.

Daniele 2:33 dice: "...le sue gambe, di ferro; i suoi piedi, in parte di ferro e in parte d'argilla", volendo dire che, alcune delle dieci dita dei piedi sono di ferro, e altre di argilla. Le dieci dita dei piedi non si riferiscono ai "10 paesi dell'UE", ma ai "cinque paesi cattolici e ai cinque paesi protestanti."
Proprio come ferro e argilla non si mescolano, i paesi in cui il cattolicesimo è dominante e quelli in cui il protestantesimo è prevalente, non potranno mai giungere ad un'unione, perché non si amalgamano.
Aumentando la discordia nell'UE, nascerà l'urgente esigenza

di unire i paesi sotto un'unica religione, e il cattolicesimo e guadagnerà potenza e posizione.

Tutto solo per i vantaggi economici dell'Unione Europea, e, da questa unione, nascerà un potere enorme. Di lì a poco l'Unione Europea dichiarerà che il cattolicesimo è la religione unica ed ufficiale finché la UE stessa diverrà una sorta di divinità, nel senso che guiderà il mondo intero con grande potenza, regnando come un idolo potente.

La terza guerra mondiale e l'Unione Europea

Come ho elaborato in precedenza, quando il nostro Signore ritornerà nell'aria al momento della fine del mondo, moltissimi credenti saranno rapiti nell'aria con Lui, tutti insieme, contemporaneamente. Questo singolo evento causerà un grande caos sulla terra. Nel frattempo, ma per un breve periodo, la UE prenderà potere e dominerà il mondo in nome del mantenimento della pace e dell'ordine mondiale, ma, in seguito, si opporrà il Signore e sarà lo strumento attraverso cui arriveranno i sette anni di grande tribolazione.

In seguito, i membri della UE inizieranno a dividersi, cercando ognuno il proprio vantaggio. Questo avverrà proprio nel mezzo della grande tribolazione. L'inizio della tribolazione, come profetizzato nel capitolo 12 del libro di Daniele, avverrà in conformità con il fluire della storia di Israele e di quella del mondo.

Subito dopo l'inizio dei sette anni di grande tribolazione, l'UE sarà forte, ricca e potente ed eleggerà un presidente unico a capo dell'Intesa. Questo succederà poco dopo il rapimento nell'aria dei redenti che hanno accettato Gesù Cristo come Salvatore e acquisito il diritto di diventare figli di Dio.

La maggior parte degli ebrei che non ha ricevuto Gesù come Salvatore rimarrà sulla terra durante i sette anni di grande tribolazione e subirà, come tutti gli altri, miseria e orrore, al di là di ogni descrizione. La terra sarà piena di strazio, di guerre, omicidi, esecuzioni, carestie, malattie e calamità come mai viste prima nel corso dell'intera storia umana.

Il segno dell'inizio dei sette anni di grande tribolazione sarà l'inizio della guerra tra Israele e il Medio Oriente. Le tensioni lunghe ed estenuanti, le dispute di confine mai cessate tra Israele e il resto delle nazioni del Medio Oriente, andranno peggiorando nel prossimo futuro, Questo causerà un conflitto severo perché tutte le potenze mondiali vorranno interferire a causa degli interessi che ognuno ha negli affari del petrolio, tutti preoccupati ad ottenere il vantaggio maggiore negli affari internazionali.

Gli Stati Uniti, da sempre un alleato dello stato di Israele, continueranno a sostenerlo per un periodo molto lungo, ma, l'Unione Europea, la Cina e la Russia, che a quel punto saranno contro gli USA, si alleeranno con il Medio Oriente, e da queste ostilità nascerà la terza guerra mondiale.

La terza guerra mondiale sarà totalmente diversa dalla seconda guerra mondiale, soprattutto in merito alla vastità del conflitto. Durante la seconda guerra mondiale perirono oltre 50 milioni di persone. La potenza delle risorse militari attuali – ordigni nucleari, armi chimiche e biologiche, e altre ancora – non è paragonabile a quella della seconda guerra mondiale, per cui il risultato del loro utilizzo sarà incredibilmente spaventoso.

Tutti i tipi di armamenti, tra cui anche quelli nucleari e altri molto moderni, saranno utilizzati senza pietà, provocando stragi e stermini indescrivibili. I paesi che hanno scatenato la guerra saranno completamente distrutti e cadranno in povertà estrema. Non sarà però la fine della guerra, perché alle esplosioni nucleari faranno seguito radioattività e inquinamento radiogeno, cambiamenti climatici e gravi calamità che coinvolgeranno tutto il globo. Di conseguenza, tutte le nazioni, inclusi quei paesi che la guerra l'hanno scatenata, vivranno l'inferno sulla terra.

A metà di questo tempo, cesseranno gli attacchi di armi nucleari, perché proseguire significherebbe mettere a rischio l'intera esistenza umana, ma, la guerra continuerà ed accelererà. Gli Stati Uniti, la Cina e la Russia non saranno in grado di recuperare.

La maggior parte dei paesi del mondo sarà al collasso, ciononostante l'UE riuscirà sottrarsi al male più devastante. L'UE, infatti, che aveva promesso alla Cina e alla Russia il suo sostegno durante la guerra, non ha partecipato attivamente al conflitto e per questo non ha riportato perdite e disastri come gli altri paesi.

Quando tutte le potenze mondiali, tra cui gli Stati Uniti, saranno allo stremo a causa di questo conflitto senza precedenti, l'Unione Europea diventerà la più potente alleanza di nazioni e dominerà il mondo. In un primo momento l'UE sarà un semplice spettatore della guerra e solo quando gli altri paesi appariranno completamente distrutti economicamente e militarmente, si farà avanti per risolvere lo stato conflittuale globale. A quel punto, le varie nazioni che sono state coinvolte nel conflitto non avranno altra scelta, dovranno seguire la decisione dell'Unione Europea perché hanno perso ogni potere.

Da questo punto in poi, essendo ormai giunti alla seconda metà dei sette anni della grande tribolazione, nei successivi tre anni e mezzo, l'anticristo, autoproclamandosi capo assoluto della UE, controllerà il mondo intero, tormentando e perseguitando chiunque gli si opporrà.

La vera natura dell'Anticristo rivelata

Nelle prime fasi della terza guerra mondiale, ai paesi che hanno subito grosse perdite a causa del conflitto, l'UE prometterà sostegno economico attraverso la Cina e la Russia. A Israele, invece, sacrificata come causa centrale della guerra, l'UE farà promessa di costruire il tempio santo di Dio che da così tanto desidera riedificare. Con questa accondiscendenza da parte dell'Unione Europea, Israele vivrà il sogno di una rinascita della gloria di cui godeva quando dimorava sotto la benedizione di Dio. Di conseguenza anche loro si alleeranno con l'UE.

A causa del suo sostegno a Israele, il Presidente della UE sarà considerato come il salvatore degli ebrei. La lunga guerra in

Medio Oriente sembrerà giungere ad un fine, la Terra Santa sarà ripristinata e verrà ricostruito il tempio santo di Dio. A questo punto, gli ebrei crederanno che il Messia, il Re che aspettano da così tanto tempo, sia finalmente giunto per rendere loro nuovamente la gloria di un tempo.

La loro attesa e la loro gioia cesseranno, però, molto presto. Quando il tempio santo di Dio verrà ricostruito a Gerusalemme, qualcosa di inaspettato succederà, come profetizzato attraverso il libro di Daniele.

> *"Egli stabilirà un patto con molti, per una settimana; in mezzo alla settimana farà cessare sacrificio e offerta; sulle ali delle abominazioni verrà un devastatore. Il devastatore commetterà le cose più abominevoli, finché la completa distruzione, che è decretata, non piombi sul devastatore"* (Daniele 9:27).

> *"Per suo ordine, delle truppe si presenteranno e profaneranno il santuario, la fortezza, sopprimeranno il sacrificio quotidiano e vi collocheranno l'abominazione della desolazione"* (Daniele 11:31).

> *"Dal momento in cui sarà abolito il sacrificio quotidiano e sarà rizzata l'abominazione della desolazione, passeranno milleduecentonovanta giorni"* (Daniele 12:11).

Questi tre passaggi si riferiscono tutti a un unico evento, che avverrà alla fine dei tempi, e di cui anche Gesù ha parlato in questo verso in Matteo 24:15-16: "Quando dunque vedrete l'abominazione della desolazione, della quale ha parlato il profeta Daniele, posta in luogo santo (chi legge faccia attenzione!) allora quelli che saranno nella Giudea, fuggano ai monti."

In un primo momento gli ebrei porranno molta fiducia nell'UE, visto che ha ricostruito il tempio di Dio in Terra Santa, considerandolo un luogo sacro, ma quando l'abominio sorgerà proprio in quel luogo, saranno sciocccati e si renderanno conto che hanno riposto la propria fede dalla parte sbagliata. Solo allora acquisiranno coscienza di come hanno voltato le spalle a Gesù Cristo e che Lui unicamente è il Messia e il Salvatore del genere umano.

Questa è la ragione per cui a questo punto degli eventi Israele si ridesterà, anche perché ma chi non lo farà non sarà più in grado di comprendere la verità al momento opportuno.

Io desidero ardentemente che Israele si risvegli e non ceda alla tentazione dell'Anticristo e non riceva il marchio della bestia. Se si faranno ingannare dalle parole sinuose e seducenti dell'Anticristo che promette pace e prosperità, e riceveranno il marchio della bestia, il "666", anche loro precipiteranno nel percorso di morte che è irrevocabile ed eterno.

La cosa più triste è che solo dopo che l'identità della bestia sarà rivelata, come profetizzato da Daniele, gli ebrei comprenderanno di aver posto la propria fede sulla persona sbagliata. Auspico che, anche attraverso questo mio libro, il popolo eletto di Dio si appresti ad accettare il Messia già mandato da Dio per evitare di precipitare durante i sette anni di grande tribolazione.

Ecco perché non cesserò mai di ripetere che adesso bisogna accettare Gesù Cristo e impossessarsi della vera fede che piace a Dio. E' l'unico modo per sfuggire ai sette anni di grande tribolazione.

Che cosa terribile sarebbe non essere rapiti in cielo, venire lasciati qui sulla terra dopo la seconda venuta del Signore! Esiste, però, un'ultima occasione per la vostra salvezza. Prendetela!

Vi imploro con tutto il mio cuore, accettate Gesù Cristo immediatamente e cercate comunione con fratelli e sorelle in Cristo. Oggi non è ancora troppo tardi per voi! Potete ancora imparare attraverso la Bibbia in che modo mantenere la vostra fede prima della grande tribolazione e come trovare la strada che Dio ha preparato per la vostra ultima occasione di salvezza.

L'Amore indefettibile di Dio

Dio ha adempiuto la sua provvidenza per la salvezza dell'uomo attraverso Gesù Cristo, senza distinzione di razza e nazione. Chi accetta Gesù come suo Salvatore e fa la volontà di Dio, Dio lo rende suo figlio e gli dona la possibilità di godere della vita eterna.

Ma che cosa è successo a Israele e alla sua gente? Non hanno accettato Gesù Cristo e si sono allontanati dal sentiero della salvezza. Che cosa terribile è non comprendere la via della salvezza attraverso Gesù Cristo, e non riuscire a farlo neanche dopo il ritorno nel Signore nell'aria e il rapimento dei veri figli di Dio!

Ma cosa succederà ad Israele, il popolo di Dio? Saranno esclusi dalla marcia dei redenti? L'Iddio d'amore ha preparato un piano incredibile per Israele cha avrà il suo compimento durante gli ultimi giorni della storia dell'umanità.

"Dio non è un uomo, da poter mentire, né un figlio d'uomo, da doversi pentire. Quando ha detto una cosa non la farà? O quando ha parlato non manterrà la parola?" (Numeri 23:19)

Qual è l'ultima provvidenza che Dio ha previsto per Israele alla fine dei tempi? Dio ha preparato la "salvezza della spigolatura" per il suo popolo in modo che comprenda che solo Gesù crocifisso è il vero Messia che hanno atteso così a lungo, e che si pentano dei propri peccati davanti a Dio.

La salvezza della spigolatura

Durante i sette anni di grande tribolazione, a motivo del rapimento, e, perché sono stati lasciati sulla terra, molti comprenderanno la verità, crederanno e accetteranno nel loro cuore il fatto che il cielo e l'inferno esistono davvero, che Dio è vivo, e che Gesù Cristo è l'unico Salvatore. Dopo il rapimento, inizieranno a leggere la Bibbia, si incontreranno e terranno dei servizi di culto per cercare di vivere secondo la parola di Dio. Per questo, non vorranno ricevere il marchio della bestia.

Durante la prima fase della grande tribolazione, molti condurranno una vita religiosa e riusciranno anche ad evangelizzare, perché non è ancora stata messa in atto una persecuzione organizzata. Essi non riceveranno il marchio della bestia, perché sono consapevoli che altrimenti non potranno essere redenti, faranno del loro meglio per condurre una vita degna della salvezza, anche durante la grande tribolazione. Ciononostante, mantenere la fede sarà difficilissimo perché lo Spirito Santo ha lasciato il mondo.

Questi credenti dell'ultimo tempo verseranno lacrime amare

perché non hanno nessuno che guidi i servizi di culto, perché dovranno mantenere e incrementare la propria fede senza protezione divina e senza guide spirituali. Rimpiangeranno di non aver seguito l'insegnamento della parola di Dio e di non aver accettato Gesù Cristo e condotto una vita fedele da credenti quando il tempo era propizio. Essi dovranno conservare la fede attraverso tribolazioni e persecuzioni, in un mondo in cui la vera parola di Dio è introvabile.

Alcuni si nasconderanno in caverne remote sotto le montagne per non ricevere il "666", il marchio della bestia. Per cibarsi andranno alla ricerca delle radici delle piante e degli alberi e dovranno uccidere da sé gli animali per la carne dato che non possono né comprare né vendere senza il marchio della bestia. In seguito, durante la seconda metà della grande tribolazione, negli ultimi tre anni e mezzo, le forze armate dell'Anticristo, sistematicamente daranno la caccia ai credenti. E, non importa in quale remota montagna si nasconderano, saranno scovati e imprigionati dall'esercito.

Il governo della bestia catturerà coloro che non hanno ricevuto il marchio, li costringerà a rinnegare il Signore e a prendere il suo marchio attraverso gravi tormenti. Alla fine, molti si arrenderanno non avendo altra scelta che ricevere il 666 a causa del dolore e dell'orrore che verrà loro inflitto.

Le milizie della bestia li appenderanno ai muri completamente nudi per forare i loro corpi con un trapano. Li spelleranno vivi per intero dalla testa ai piedi. Tortureranno i loro figli davanti ai loro occhi. Le spietatezze che l'esercito infliggerà saranno così eccessivamente crudeli da rendere impossibile l'arrivo al martirio, infatti, quasi tutti soccomberanno.

Ecco perché solamente un piccolo numero di persone riuscirà a sopportare tutti questi tormenti, unicamente quelli dotati di una forza di volontà superiore alla media. Questi moriranno da martiri, riceveranno la salvezza e raggiungeranno il cielo. Le persone che hanno acquisito la salvezza attraverso il martirio e conservato la fede senza tradire il Signore, sacrificando la propria vita sotto il regno dell'Anticristo durante la grande tribolazione, sono coloro che conquisteranno la "salvezza della spigolatura."

Ci sono altri segreti che Egli ha preparato per la salvezza della spigolatura per il popolo eletto di Dio, per Israele. Tra questi, i due testimoni a Petra.

Le sembianze e il ministero dei due testimoni

Apocalisse 11:3 dice: *"Io concederò ai miei due testimoni di profetizzare, ed essi profetizzeranno vestiti di sacco per milleduecentosessanta giorni."* Questi "due testimoni" sono le persone che Dio ha destinato fin da prima dei secoli per salvare il suo popolo eletto, Israele. Essi testimonieranno agli ebrei in Israele che Gesù Cristo è il solo e unico Messia come profetizzato nel Vecchio Testamento.

Dio mi ha parlato riguardo ai due testimoni spiegandomi che non si tratta di due anziani e che hanno un cuore retto e camminano in giustizia. Egli mi ha permesso di ascoltare le dichiarazioni di uno dei due di fronte a Lui, una confessione in cui dice di credere nel giudaismo, ma che, dopo che la testimonianza di molti sulla loro fede in Gesù Cristo come Salvatore, ha pregato Dio di aiutarlo a discernere la verità dalla menzogna. Ecco la sua preghiera:

"Oh, Dio!

Che cosa succede nel mio cuore?
Ho sempre creduto a tutte le cose di cui mi hanno parlato i miei genitori e che ho sentito quando ero ragazzo.
Ma perché ora il mio cuore si fa queste domande?

Molti parlano e raccontano del Messia.

Se solo qualcuno mi dimostrasse con prove valide e precise se sia giusto creder in questo o solo a quello che mi hanno insegnato da ragazzo...

Non riesco a vedere, non riesco a comprendere ciò di cui quelle persone parlano.
Devo veramente considerare tutti gli insegnamenti che ho ricevuto come folli?
E' veramente giusto così ai tuoi occhi?

Dio! Padre!

Se è questo che tu vuoi, porta sulla mia strada qualcuno che mi possa dimostrare tutto e far comprendere tutto.

Che venga pure da me e mi insegni ciò che è vero, la verità.

Mentre guardo il cielo,
Questa angoscia del cuore non mi abbandona,
ah, se qualcuno mi risolvesse questo problema,
Ti prego, fa che venga da me.

Non riesco a tradire tutte ciò in cui ho creduto con il cuore!
Contemplo su tutte queste cose.
Ah, se ci fosse qualcuno che mi insegni e mi mostri la verità,
che mi dimostri ciò che è vero,
Ma come posso disertare ciò che ho imparato e visto?

Dio, Padre, ti prego!
Mostrami! Donami la comprensione.

Sono agitato, credo che tutto ciò in cui finora ho creduto sia vero!

Eppure, più contemplo la verità che conosco, più crescono le mie domande e la mia sete non si spegne.

Perché è così?

Solo se riuscirò a comprendere tutto questo potrò essere sicuro;

e, se la certezza invaderà il mio cuore,
saprò che non è un tradimento verso la condotta che ho vissuto fino ad ora;
quando comprenderò cosa è realmente la verità,
e arriverò a conoscere queste cose,
il mio cuore avrà finalmente pace."

I due testimoni, che saranno due giudei, investigheranno profondamente la pura verità, e il Signore risponderà loro inviandogli un uomo di Dio. Attraverso quest'uomo, verosimilmente, comprenderanno la provvidenza di Dio nella coltivazione umana e accetteranno Gesù Cristo come Salvatore. Essi rimarranno sulla terra nel corso dei sette anni di grande tribolazione per compiere il ministero del pentimento e della salvezza di Israele. Riceveranno, inoltre, uno speciale potere divino per testimoniare di Gesù Cristo agli ebrei.

Si santificheranno completamente e attueranno il loro ministero per 42 mesi come scritto in Apocalisse 11:2. L'inizio e la fine dell'evangelo si compiono in Israele, ragione per cui i due testimoni provengono da questa striscia terra. Il Vangelo si è diffuso nel mondo attraverso l'apostolo Paolo dalla Palestina, dove giungerà nuovamente alla fine dei tempi.

Gesù dice in Atti 1:8: *"Ma riceverete potenza quando lo Spirito Santo verrà su di voi, e mi sarete testimoni in Gerusalemme, e in tutta la Giudea e Samaria, e fino all'estremità della terra."* In questo passaggio, l'estremità della terra è un chiaro riferimento a Israele, la destinazione finale del Vangelo.

I due Testimoni predicheranno il messaggio della croce agli ebrei e illustreranno loro la salvezza attraverso il fuoco e la potenza di Dio. Compieranno sorprendenti meraviglie e miracoli straordinari a conferma del loro messaggio. Sarà dato loro il potere di serrare il cielo, in modo che non pioverà durante i giorni del loro ministero profetico, avranno potere di trasformare le acque in sangue e di colpire la terra con ogni piaga, ogni qualvolta lo vorranno.

Attraverso di loro molti ebrei torneranno al Signore, ma, contemporaneamente, altri si sentiranno feriti nella propria coscienza e tenteranno di uccidere i due testimoni. Non solo tra i giudei, ma anche altri uomini malvagi provenienti dai paesi dominati dall'Anticristo, fomenteranno l'odio verso i due testimoni nel tentativo di eliminarli.

Martirio e resurrezione dei due testimoni

A motivo del grande potere che i due testimoni detengono, nessuno oserà fargli del male, fino a che saranno le stesse autorità ad ucciderli. Questo avverrà solo perché è la volontà di Dio che siano martirizzati e proprio nello stesso luogo dove Gesù fu crocifisso, già implicitamente indicando la loro resurrezione.

Quando Gesù fu crocifisso, i soldati romani vigilarono sulla sua tomba in modo che nessuno potesse rubare il suo corpo, ciononostante, non rimase nella tomba a lungo perché è risorto. Per evitare similitudini e possibili emulazioni, gli assassini dei due testimoni non permetteranno che vengano sepolti in una regolare tomba, ma deporranno i due cadaveri in strada, sotto l'occhio globale, in modo che siano visibili ovunque nel mondo. A quella vista, i malvagi che si sono sentiti offesi a causa del Vangelo predicato dai due testimoni, gioiranno di buon grado.

Il mondo intero si rallegrerà e celebrerà, i mass media diffonderanno la notizia della loro morte attraverso i satelliti per tre giorni e mezzo. Dopodiché, i due testimoni resusciteranno, ascenderanno al cielo in una nuvola di gloria proprio come Elia fu assunto in cielo nel turbine. Questa scena sorprendente sarà trasmessa in tutto il mondo, e milioni di spettatori la vedranno.

E in quell'ora ci sarà un grande terremoto che farà settemila vittime, un decimo della città. Apocalisse 11:3-13 descrive questi avvenimenti con grande chiarezza:

> *"Io concederò ai miei due testimoni di profetizzare, ed essi profetizzeranno vestiti di sacco per milleduecentosessanta giorni. Questi sono i due olivi e i due candelabri che stanno davanti al Signore della terra. Se qualcuno vorrà far loro del male, un fuoco uscirà dalla loro bocca e divorerà i loro nemici; e se qualcuno vorrà offenderli bisogna che sia ucciso in questa maniera. Essi hanno il potere di chiudere il cielo affinché non cada pioggia, durante*

i giorni della loro profezia. Hanno pure il potere di mutare l'acqua in sangue e di percuotere la terra con qualsiasi flagello, quante volte vorranno. E quando avranno terminato la loro testimonianza, la bestia che sale dall'abisso farà guerra contro di loro, li vincerà e li ucciderà. I loro cadaveri giaceranno sulla piazza della grande città, che simbolicamente si chiama Sodoma ed Egitto, dove anche il loro Signore è stato crocifisso. Gli uomini dei vari popoli e tribù e lingue e nazioni vedranno i loro cadaveri per tre giorni e mezzo e non lasceranno che siano posti in sepolcri. Gli abitanti della terra si rallegreranno di loro e faranno festa e si manderanno regali gli uni agli altri, perché questi due profeti erano il tormento degli abitanti della terra. Ma dopo tre giorni e mezzo uno spirito di vita procedente da Dio entrò in loro; essi si alzarono in piedi e grande spavento cadde su quelli che li videro. Ed essi udirono una voce potente che dal cielo diceva loro: 'Salite quassù.' Essi salirono al cielo in una nube e i loro nemici li videro. In quell'ora ci fu un gran terremoto e la decima parte della città crollò e settemila persone furono uccise nel terremoto; e i superstiti furono spaventati e diedero gloria al Dio del cielo" (Apocalisse 11:3-13).

Non importa quanto siano stati testardi, se un minimo di bontà è ancora presente nei loro cuori, capiranno che la risurrezione e l'ascensione al cielo dei due testimoni, come anche il grande terremoto, sono opera di Dio. Tutti saranno costretti a riconoscere il fatto che, 2000 anni prima Gesù Cristo è risorto per la potenza di Dio. Eppure, non curandosi di questi eventi, alcuni malvagi non glorificheranno il Signore.

I due testimoni, che mostreranno una grande potenza di Dio, scuoteranno la coscienza di molti a proposito del suo amore e della sua volontà per il genere umano, guidando gli ebrei verso l'ultima opportunità di salvezza.

Esorto gli ebrei che leggeranno questo libro ad accettare l'amore di Dio che fino all'ultimo momento desidera redimere ogni uomo! Vi chiedo ardentemente di non allearvi con i nemici – che appartengono al diavolo e che vi porteranno sulla strada della distruzione – ma di ascoltare i due testimoni e giungere così alla salvezza.

Petra, un rifugio per gli ebrei

L'altro segreto che Dio ha destinato per il suo popolo eletto è il rifugio che provvederà per loro durante i sette anni di grande tribolazione. Isaia 16:1-4 parla di questo posto chiamato Petra.

> *"Mandate gli agnelli per il dominatore del paese, mandateli da Sela, per la via del deserto, al monte della figlia di Sion! Come uccelli che fuggono, come*

una nidiata dispersa, così saranno le figlie di Moab ai guadi dell'Arnon. Consigliaci, fa' giustizia! In pieno mezzogiorno, stendi su di noi l'ombra tua densa come la notte, nascondi gli esuli, non tradire i fuggiaschi; lascia abitare presso di te gli esuli di Moab, sii tu per loro un rifugio contro il devastatore! L'oppressione infatti è finita, la devastazione è cessata, gli invasori sono scomparsi dal paese."

La terra di Moab è la terra di Giordania che si trova nel lato orientale di Israele. Petra è un sito archeologico a sud ovest della Giordania, situato sul pendio del monte Cor, in una conca tra le montagne che formano il fianco orientale della pianura (Wadi Araba), l'ampia valle che va dal Mar Morto fino al Golfo di Aqaba. Petra è generalmente identificata con Sela, che significa anche 'roccia', con i riferimenti biblici in 2 Re 14:7 e Isaia 16:1.

Successivamente al secondo avvento del Signore nell'aria, dopo che avrà ricevuto i redenti e terminato il banchetto di nozze di sette anni, Egli tornerà sulla terra insieme ai salvati per regnare sul mondo durante il Millennio. Durante i sette anni che passano dalla seconda venuta del Signore e il rapimento fino al suo ritorno per regnare, la terra vedrà la grande tribolazione. Durante la seconda metà della grande tribolazione – tre anni e mezzo, 1.260 giorni – il popolo di Israele si nasconderà nel luogo preparato secondo il piano di Dio. Il nascondiglio è Petra (Apocalisse 12:6-14).

Perché gli ebrei avranno bisogno di un rifugio?

Il popolo scelto da Dio, Israele, è stato continuamente attaccato e perseguitato per mano di numerosi popoli tra i gentili. Questo perché il diavolo, che ininterrottamente si oppone a Dio, ha cercato di ostacolare le benedizioni che Egli ha in serbo per Israele. Lo stesso accadrà durante l'ultima ora, poco prima della fine del mondo.

Durante la grande tribolazione, gli ebrei comprenderanno finalmente che il Messia, il Salvatore da loro atteso, è Gesù, il Maestro nato sulla terra circa 2000 anni prima. A questo punto si pentiranno dei loro peccati e a tale motivo il diavolo li perseguiterà nuovamente per impedire loro di conservare la fede.

Dio, che conosce ogni cosa, nel suo immenso amore, ha già preparato un piano e provvederà un rifugio per consentire al suo popolo di sottrarsi agli sterminatori che danno loro la caccia: Petra.

Proprio come Gesù descrisse in Matteo 24:16: *"Allora quelli che saranno nella Giudea, fuggano ai monti"*, gli ebrei fuggiranno dalla grande tribolazione segregandosi nel cuore della montagna, conserveranno così la fede e saranno salvati.

Quando l'angelo della morte uccise tutti i primogeniti d'Egitto, gli Ebrei in gran segreto si contattarono rapidamente l'un l'altro, e sfuggirono a questa piaga, apponendo del sangue di agnello sullo stipite e sull'architrave delle proprie case.

Allo stesso modo, durante la grande tribolazione, gli ebrei si metteranno in contatto tra di loro in grande fretta e segretamente, per avvisare tutti sul luogo dove nascondersi prima che il governo dell'Anticristo inizi ad arrestarli. Saranno a conoscenza della località di Petra perché molti evangelisti da sempre testimoniano di questo nascondiglio, e, anche quelli che fino a quel momento non hanno creduto, cambieranno idea e raggiungeranno il rifugio.

Questo sito nascosto non sarà in grado di ospitare troppe persone. In realtà, molti tra quelli che si sono pentiti grazie ai due testimoni non riusciranno a nascondersi a Petra e conserveranno la fede durante la grande tribolazione per poi morire da martiri.

L'amore di Dio attraverso i due testimoni e il luogo di Petra

Cari fratelli e sorelle, avete perso la vostra possibilità di salvezza attraverso il rapimento? Non esitate ad andare a Petra, quella è l'ultima occasione di redenzione. Presto catastrofi orribili giungeranno a causa dell'Anticristo. Nascondetevi a Petra prima che le porte della grazia si chiudano e che l'Anticristo sfoggi tutta la malvagità del suo marchio!

Non avete più la possibilità di entrare in Petra? L'unico modo di raggiungere la salvezza ed entrare nel cielo sarà riaffermare il nome del Signore e rifiutarsi di ricevere il marchio della bestia, il "666." Questo succederà solo attraverso torture atroci e martirio. Non sarà affatto facile, ma è l'unico modo per scampare al tormento dell'inferno e dello stagno di zolfo e di fuoco.

Spero ardentemente che nessuno di voi quel giorno rifiuti la salvezza e che per sopportare le torture ricordi l'amore inesauribile di Dio, superando con coraggio ogni cosa. Mentre lotterete e combatterete contro le tentazioni e le persecuzioni che l'Anticristo vi infliggerà, noi fratelli e sorelle in fede pregheremo ardentemente per il vostro trionfo.

Il nostro vero desiderio per voi, il popolo eletto di Dio, è che accettiate Gesù Cristo prima che tutte queste cose accadano e che siate altresì rapiti in cielo insieme a noi per partecipare al banchetto di nozze quando il nostro Signore ritornerà. Ecco perché preghiamo incessantemente con le lacrime d'amore che Dio si ricordi gli atti di fede dei vostri grandi padri e le alleanze che ha fatto con loro per donarvi, ancora una volta, l'immensa grazia della salvezza.

Nel Suo grande amore, Dio ha preparato per gli ebrei Petra e i due testimoni, in modo che possano accettare Gesù Cristo come Messia e Salvatore e raggiungere la salvezza. Fino all'ultimo momento nella storia dell'umanità vi esorto, ricordate l'amore indefettibile di Dio!

Prima di mandare i due testimoni in preparazione della prossima grande tribolazione, l'iddio d'amore invierà un uomo di Dio per rivelare cosa accadrà durante gli ultimi tempi e condurre molti ebrei verso la via della salvezza. Dio non vuole che nemmeno uno di voi viva i sette anni di grande tribolazione. Anche se poi qualcuno tra gli ebrei dovesse restare sulla terra dopo il rapimento, Egli desidera che afferrino l'ultima vera possibilità di salvezza. Ecco, tale è l'immenso amore di Dio.

Non passerà molto tempo prima che i sette anni di grande tribolazione arrivino. Durante questa tribolazione senza precedenti in tutta la storia dell'umanità, il nostro Dio, rispetterà il suo piano d'amore per te, Israele. La storia della coltura umana giungerà al termine con il completamento della storia di Israele.

Immaginate che gli ebrei avessero compreso la volontà di Dio e accettato Gesù come Salvatore sin dall'inizio, contrariamente alla profezia biblica. A quel punto andava tutto riscritto e corretto! Eppure, Dio lo avrebbe volentieri lasciato succedere, perché il suo amore per Israele va al di là di ogni possibile comprensione.

In ogni caso, sappiamo com'è andata la storia, sono passati molti anni, gli ebrei non hanno accettato Gesù e quindi vivranno il periodo degli ultimi tempi fino alla fine. Dio onnipotente, che conosce ogni cosa e quindi anche il futuro, ha destinato per loro un'ultima occasione di salvezza e li guiderà in questa direzione con il suo amore immenso.

> *"Ecco, io vi mando il profeta Elia, prima che venga il giorno del SIGNORE, giorno grande e terribile. Egli volgerà il cuore dei padri verso i figli, e il cuore dei figli verso i padri, perché io non debba venire a colpire il paese di sterminio"* (Malachia 4:5-6).

Rendo ogni grazie e ogni gloria a Dio che per il suo amore infinito guida sulla via della salvezza, non solo Israele, suo popolo eletto, ma tutti i popoli di ogni nazione.

Note sull'autore
Dott. Jaerock Lee

Il Dott. Lee è nato nel 1943, a Muan, in provincia di Jeonnam, nella Repubblica della Corea. Intorno ai vent'anni iniziò a soffrire di varie malattie incurabili. Dopo sette anni di sofferenza e senza alcuna speranza di guarigione, non gli restava che aspettare la morte. Un giorno, nella primavera del 1974, fu condotto in una chiesa da sua sorella e come si inginocchiò per pregare, l'Iddio vivente lo guarì immediatamente da tutte le sue malattie.

Dall'istante in cui ha incontrato l'Iddio vivente attraverso quell'esperienza meravigliosa, lo ha amato con tutto il suo cuore e tutta la sincerità di cui era capace. Nel 1978 fu chiamato ad essere un servitore di Dio. Seguì un periodo di preghiera profonda in modo da comprendere e compiere chiaramente la Sua volontà. Nel 1982, ha fondato la Chiesa Centrale del Ministerio Manmin in Seoul, Sud Corea e compiuto innumerevoli opere per mano di Dio, incluse guarigioni miracolose e molti miracoli.

Nel 1986, Il Dott. Lee è stato ordinato pastore durante la Riunione Annuale della Jesus' Sungkyul Church of Korea, e quattro anni più tardi nel 1990, i suoi sermoni cominciarono ad essere trasmessi in onda dalla Far East Broadcasting Company, dalla Asia Broadcast Station, and the Washington Christian Radio System fino in Australia, Russia, Filippine e molte altre nazioni.

Tre anni più tardi nel 1993, la Manmin Central Church è stata nominata tra le «50 Chiese più grandi del mondo» dal periodico cristiano «Christian World Magazine» (Stati Uniti). Inoltre, il Dott. Lee ha ricevuto un Dottorato Onorario presso l'università cristiana, «Christian Faith College», Florida, Stati Uniti e nel 1996 un Dottorato Ministeriale presso l'università teologica «Kingsway Theological Seminary», Iowa, Stati Uniti.

Dal 1993 il Dott. Lee ha intrapreso la direzione di una visione missionaria mondiale esplicitandola attraverso crociate all'estero, di cui alcune svoltesi a Los Angeles, Baltimora, New York (Stati Uniti), Tanzania, Argentina, Uganda, Giappone, Pakistan, Kenia, la Filippine, Honduras, India, Russia, Germania, Perù, nella Repubblica Democratica del Congo, Israele e Estonia. Nel 2002 molte riviste e giornali cristiani in Corea lo hanno definito «pastore mondiale» in riferimento al suo lavoro missionario all'estero.

Ad oggi, settembre 2013, la Chiesa Manmin Centrale è una congregazione che conta oltre 120.000 membri e 10.000 chiese affiliate, nazionali ed estere, ha commissionato più di 129 missionari in 23 paesi, inclusi Stati Uniti, Russia, Germania Canada, Giappone Cina, Francia India, Kenia ed altri.

Fino a questo momento Il Dott. Lee ha scritto 88 libri, inclusi i best-seller: *Gustare la Vita Eterna prima della Morte, La Mia Vita, La Mia Fede, Il Messaggio della Croce, La Misura della Fede, Cielo I e II, Inferno,* e *La potenza di Dio,* tradotti in più di 76 lingue.

Il Dott. Lee è attualmente fondatore e presidente di un notevole numero di organizzazioni missionarie, oltre ad essere il presidente della chiesa «United Holiness Church of Jesus Christ», delle missioni mondiali Manmin, del «GCN», network coreano di televisioni cristiane, del «WCDN» il primo network mondiale di medici e dottori cristiani e del «MIS» il seminario internazionale del ministerio Manmin.

Altri autorevoli libri dello stesso autore:

Cielo I e II

Uno schema dettagliato dell'ambiente meraviglioso che i cittadini del cielo godranno immersi nella gloria di Dio, la Nuova Gerusalemme e il regno dei cieli.

Il Messaggio della Croce

Un messaggio potente e rinvigorente per tutti quelli che sono spiritualmente sonnecchianti. In queste pagine troverete l'amore vero di Dio e le ragioni per cui Gesù è l'unico Salvatore.

Inferno

Un accorato messaggio divino a tutto il genere umano. Dio desidera che ogni anima sia salvata e non precipiti all'inferno! Questo libro svela dettagli e racconti sulle crudeltà dell'inferno come mai sono stati narrati prima.

La Potenza di Dio

Una guida essenziale per il credente su come possedere la vera fede e sperimentare la potenza mirabile di Dio.

Spirito, Anima e Corpo I e II

Gli uomini sono stati creati a immagine di Dio, e senza Dio, non possono vivere. Otterremo le risposte alla domanda sull'origine dell'uomo solo quando sapremo chi è Dio.

Risvegliati Israele!

Perché Dio ha mantenuto i suoi occhi su Israele dal principio del mondo fino ad oggi? Che tipo di Sua provvidenza è stato preparato per Israele negli ultimi giorni, che attendono il Messia?

La Mia Vita, La Mia Fede I e II

L'autobiografia del Dott. Jaerock Lee. Un aroma spirituale fragrante per il lettore, che, attraverso la vita del pastore Lee, testimonierà dell'amore di Dio che ha rotto il giogo della disperazione più profonda.

La Misura della Fede

Quale regno, quale corona e quale ricompensa sono state preparate per voi in cielo? Questo libro provvede, con sapienza e rivelazione, una guida alla comprensione del concetto di "misura di fede" per maturare nella tua fede.

www.urimbooks.com

www.ingramcontent.com/pod-product-compliance
Lightning Source LLC
LaVergne TN
LVHW041809060526
838201LV00046B/1184